AF389962

GUIDE

DU

VÉRIFICATEUR.

—

CALCULS.

GUIDE

DU

VÉRIFICATEUR

OU DE

L'EMPLOYÉ SE VÉRIFIANT LUI-MÊME.

ABRÉVIATION

DES

CALCULS ADMINISTRATIFS.

Par **Camille PERSONNAT**

COMMIS DE RECETTE PRINCIPALE
des Contributions indirectes,

bachelier ès-sciences,
membre de plusieurs sociétés savantes.

AUCH,

CHEZ L.-A. BRUN, LIBRAIRE.

1855

Auch, Imprimerie et Lithographie de J. Foix, rue Balguerie.

A MON PÈRE

INSPECTEUR DES CONTRIBUTIONS INDIRECTES,

TÉMOIGNAGE DE MA RECONNAISSANCE

ET DE

MON PROFOND RESPECT.

Camille PERSONNAT.

INTRODUCTION.

Le calcul est la base de toute comptabilité. On ne peut effectuer aucune opération financière sans l'application des mathématiques, sans la connaissance pratique des règles de cette science.

Connaître d'une manière précise les rapports divers et multipliés des nombres entr'eux, savoir mettre à profit toutes les ressources de la combinaison des chiffres et pouvoir donner à tout travail qui en résulte le caractère d'une exacte et complète certitude, tel doit être le but de l'employé, du comptable ou du vérificateur attaché à des fonctions financières.

Si des instructions administratives ont prévu et indiqué les moyens généraux d'atteindre le but du travail, si la disposition des états est préparée d'avance, rien n'a été dit sur les procédés spéciaux qui peuvent le simplifier et en assurer l'exactitude. Chacun est forcé de chercher et de trouver par lui-même ses modes d'abréviation, ses moyens de vérification.

D'ailleurs, il arrive souvent dans les administrations financières, celle des Contributions Indirectes en particulier, qu'avec la position des fonctionnaires change aussi la nature de leur travail. Plus d'une fois on se trouve appelé à des fonctions qui exigent un genre de comptabilité ou d'écritures qu'on avait nécessairement négligés ou même abandonnés. De plus, quelques-uns ont pu ne pas conserver un souvenir assez précis de leurs études de jeunesse, et, forcés alors d'y revenir, ils manquent de secours efficaces, de livres spéciaux qui abrégent la tâche, toujours ingrate et longue, de recommencer l'étude d'un travail abandonné. Dans ces deux cas, on sentira le besoin d'avoir sous la main un ouvrage qui rappelle ces souvenirs perdus, et qui présente les procédés de vérification les plus immédiatement applicables et les solutions les plus promptes.

Cet ouvrage manquait : nous avons essayé de combler cette lacune.

Dans ce but, nous avons réuni les méthodes les

plus utiles, développé les raisonnements qui en dé-
montrent l'exactitude, préparé tous les calculs qui en
sont la condition, de manière à fournir aux employés
un recueil commode, qui leur permette de trouver
sans travail le moyen de constater promptement la
certitude de leurs opérations, d'arriver sans efforts et
presqu'instantanément au résultat d'un calcul.

De là deux parties dans notre ouvrage : la vérification, le calcul.

La tâche que nous nous étions imposée n'était pas
sans difficultés. Chaque nouveau nombre pouvait
amener une perturbation dans les principes que nous
avancions; pour rendre ces principes applicables, il
fallait passer en revue tous les cas possibles, tenir
compte des modifications nécessaires; il fallait géné-
raliser.

Nous osons affirmer que, sous ce rapport, notre
ouvrage est exempt d'erreurs; le soin consciencieux
que nous y avons apporté nous en est un sûr garant.

Nous avons dû souvent donner un peu d'étendue
aux démonstrations théoriques; un raisonnement trop
scientifique, trop concis, trop aride eût nécessité plus
d'attention, plus de travail, eût été peut-être moins

saisissant, et c'est ce que nous avons voulu éviter.

Si nous avons présenté plusieurs méthodes pour une même vérification, ce n'est pas tant pour donner à choisir que pour permettre aux jeunes employés de se familiariser, sur un exemple connu et compris, avec les divers systèmes qui, suivant la complication des différents cas en dehors de ceux que nous exposons, peuvent être appliqués avec plus de succès les uns que les autres.

Notre livre n'est point un traité; il n'a pas cette prétention.

Rechercher la vérification, faire saisir et démontrer les modifications qui la rendent générale, faciliter le travail, simplifier les calculs et surtout en abréger la durée, telle est la règle que nous avons suivie, telle est le but que nous nous sommes proposé.

Si ce travail adoucit et abrége quelquefois la tâche de nos collaborateurs, s'il assure et facilite les premiers pas des jeunes employés dans la carrière administrative, si, en un mot, il est de quelque utilité, nous aurons atteint le but de nos vœux et obtenu notre récompense.

PREMIÈRE PARTIE.

DE LA VÉRIFICATION.

Vérifier un chiffre, un nombre, une quantité, c'est analyser la valeur des éléments qui composent ce chiffre, ce nombre ou cette quantité; c'est rechercher sa raison d'être; c'est constater l'exactitude des calculs au moyen desquels on y est arrivé.

Il suit de cette définition que la vérification peut être considérée sous trois points de vue différents, relatifs à sa nature, à son étendue et à son mode d'application; qu'elle doit réunir trois conditions essentielles qui en font la base :

Elle doit être :

1° Exacte, car une vérification ne peut faire supposer l'erreur en elle-même, puisqu'elle-même est la recherche de l'erreur;

2° Complète, car un seul point sur lequel on ne pourrait s'appuyer avec sécurité suffirait pour détourner du résultat véritable;

3° Rapide, car le temps qu'il est permis d'y consacrer deviendrait souvent insuffisant.

Pour être exacte, la vérification doit faire usage d'opérations rigoureuses; et, de plus, il est bon de s'attacher, autant que possible, à ne pas suivre dans le même sens la route déjà parcourue, c'est-à-dire à ne pas reproduire simplement les calculs qu'on a employés pour arriver au résultat qu'on vérifie; car il arrive souvent, et c'est un fait physique incontestable, que l'esprit, constamment tendu par la préoccupation des mêmes calculs et suivant de nouveau la même marche, est naturellement entraîné à reproduire les mêmes erreurs.

Pour être complète, la vérification ne doit omettre aucune partie du travail; elle doit scruter, pour ainsi dire, dans chaque nombre, consulter la valeur de chaque chiffre, interroger la combinaison, la relation, la conséquence de chacun de ses éléments.

Enfin, pour être rapide, elle doit être courte, simple, exercée; facile à comprendre, à retenir, à pratiquer. Sans doute, la rapidité résulte assez souvent d'une certaine aptitude particulière; mais plus souvent encore le défaut contraire provient d'une étude trop peu approfondie, d'une théorie mal conçue, d'une pratique trop peu fréquente. Au moyen des routes infaillibles préparées d'avance, la vérification ne demande à toute intelligence qu'un peu de familiarité avec le calcul, et bien que ce dernier caractère, la rapidité, paraisse constamment en opposition avec les deux autres, il est un milieu facile à saisir, qui satisfait à toutes les conditions, et que l'habitude fait mieux concevoir que tous les raisonnements.

Qu'on nous permette d'ajouter à la brève exposition de ces principes quelques considérations relatives à la vérification en général. Ce ne sont que des observations sur la voie la plus courte et la plus sûre à suivre pour arriver au but, observations, du reste, que nous a suggérées et confirmées une longue et attentive expérience.

Et d'abord, toute vérification repose en général sur une certaine masse de travail : dans toute comptabilité, les calculs qui servent de base sont toujours récapitulés sur des états ou registres spéciaux, destinés à présenter l'ensemble et les totaux des opérations partielles. De plus, ces récapitulations sont établies de manière à classer, dans des colonnes particulières, les quantités soumises à chaque taxe, ainsi que les produits obtenus par chaque calcul.

Le premier soin du vérificateur doit donc être, nous l'avons dit, de s'assurer de l'exactitude des éléments qui servent de base aux constatations, éléments qui ne peuvent être vérifiés par aucun moyen spécial. Ces renseignements se trouvent établis sur des registres ou portatifs, et c'est là qu'on doit puiser les nombres qui sont le point de départ de la vérification. Chacune des quantités soumises aux droits, chacune des taxes dont elles sont frappées, doit être appelée, vérifiée, comparée avec ces registres.

Ainsi, par exemple, pour l'état des licences, n° 51 A, l'on doit s'assurer si tous les assujétis y ont bien été portés, s'ils ont été régulièrement taxés suivant la catégorie et la classe à laquelle ils appartiennent.

Pour l'état des produits, n° 55, n'a-t-on point omis quelque compte, et les quantités de boissons développées au cadre à ce destiné y sont-elles bien portées suivant les différents prix auxquels elles ont été vendues?

Enfin, pour chaque état ou registre récapitulatif, il est urgent de s'assurer qu'aucun report n'a été omis, qu'aucun compte ne fait double emploi : rien de plus, rien de moins.

C'est là le véritable travail de la vérification, travail minutieux et d'autant plus pénible qu'il occupe plus matériellement l'attention, et l'expose, en la fatiguant, à laisser échapper quelque erreur involontaire.

Aussi l'Administration recommande-t-elle, dans ses instructions (Circ. n° 393, du 25 juin 1848;—Circ. n° 443, du 1er mars 1850;—Circ. n° 466, du 22 oct. 1850; — Circ. n° 488, du 19 juillet 1851, et les instructions que rappelle cette savante notice; — Circ. n° 505, du 30 décembre 1851), d'effectuer régulièrement les appels des états ou relevés récapitulatifs avec les registres ou portatifs élémentaires.

Le reste de la vérification, travail sérieux et nécessaire, sans doute, est plus facile en ce qu'il repose sur des opérations mathématiques, des méthodes simples, des procédés connus, qui concourent tous à un même but : la constatation du total des droits perçus ou à percevoir.

Lorsqu'on s'est convaincu de l'exactitude des nombres portés aux quantités, ainsi que des taxes qu'on doit leur appliquer, il serait naturel, pour obtenir le montant des droits généraux, de multiplier le total des quantités de chaque classe par la taxe correspondante, et la somme des divers produits partiels ainsi obtenus donnerait évidemment le résultat cherché.

Rien n'est si facile lorsque le taux du tarif peut être représenté par un nombre entier de centimes frappant l'unité de quantité; comme à l'état n° 51 A, où chaque assujéti à la licence paie un droit fixe établi proportionnellement à la classe et à la catégorie dans laquelle il doit être rangé.

Comme aussi pour les quantités de vins vendues chez les débitants, où le prix du litre doit être exprimé par un nombre exact de centimes.

Mais, sitôt qu'une taxe ne peut être ramenée au cas que nous venons d'exposer; sitôt qu'elle est exprimée, je suppose, par un nombre entier de centimes s'appliquant à des unités de quantités d'un ordre plus élevé que les unités simples, à des hectolitres, par exemple, la quotité du droit pour l'unité de litre ne peut plus être représentée que par des centièmes de centimes, et comme dans chaque calcul partiel on doit prendre au montant du droit un nombre entier de centimes, qu'on doit compter la fraction pour un centime complet, et faire enfin ce qu'on est convenu d'appeler, en comptabilité, un *forcement*, il en résulte que, si l'on veut multiplier par une pareille taxe un total de semblables quantités :

1° Le produit qu'on obtient se trouve différent du total des droits en principal, calculés séparément compte par compte;

2° Cette différence peut être représentée par la somme des fractions *complémentaires*, dont on a dû forcer partiellement pour obtenir le droit à chaque article (1).

Connaissant, dès lors, l'origine et la nature de cette différence, le vérificateur ne peut plus être arrêté dans sa marche. Il lui suffit de trouver un moyen pour découvrir, d'après les données qu'il possède, la valeur exacte de ces fractions confondues, d'en faire un relevé complet, et d'en ajouter le montant au produit du total des quantités par leur taxe.

Tel est, comme on le voit, le principe fondamental d'un système de vérification prompt, complet, infaillible. La combinaison en est facile à saisir, et quelques exemples peuvent suffire à démontrer qu'il est général, et, par conséquent, applicable à tous les états ou registres récapitulatifs.

On conçoit déjà que la valeur des fractions dont nous avons parlé plus haut, invariable pour un même nombre d'unités de quantités frappées d'une même taxe, peut être calculée dans des opérations effectuées

____

(1) Nous développons ces observations avec exemples, page 13.

d'avance et disposées de manière à faciliter les recherches du vérificateur. Tel est le but que nous nous sommes proposé, tel est le travail que nous avons entrepris, tels sont les raisonnements et les calculs que nous avons voulu exposer avec la plus rigoureuse exactitude.

Un autre système, également infaillible, également applicable à toutes les vérifications, peut aussi recevoir une démonstration générale; il est même, dans certains cas, à cause de sa rapidité, préférable à celui qui précède.

Nous allons exposer quelques-uns des raisonnements qui en sont la clé fondamentale. En généralisant ainsi, l'on s'habitue à trouver des moyens de contrôle pour tous les cas possibles.

La combinaison de celui-ci est très simple. Elle consiste à scinder le calcul général en deux opérations particulières et successives. En effet, quelle que soit la quotité de la taxe, il existera toujours un certain ordre d'unités de quantités (décalitre, hectolitre..., décagramme, hectogramme, etc.) pour lequel on pourra exprimer le droit en nombre exact de centimes, sans forcement.

Si donc on extrait du total la somme de ces quantités d'un ordre déterminé, le calcul de cette partie par la taxe se trouve ramené au cas dont nous avons parlé plus haut relativement à l'état n° 51 A, et l'on n'aura plus, pour être à même d'obtenir le résultat général, qu'à chercher le droit complet sur la série des chiffres qui auraient produit les forcements, opération simple et facile, surtout lorsque ces calculs ont été préparés d'avance pour chaque nombre et pour chaque taxe.

Telles sont les considérations qui font la base de la plupart des raisonnements qui vont suivre. S'en pénétrer profondément, c'est concevoir la vérification applicable à tous les cas possibles, et lorsqu'on est arrivé au but par de tels moyens, on peut affirmer que l'opération a été exacte, complète et rapide.

Une objection judicieuse pourrait être faite au sujet de la rapidité, c'est que, dans un état récapitulatif, on ne peut s'en rapporter aux totaux et qu'il est urgent de refaire l'addition avant d'opérer sur un total.

C'est, en effet, une précaution essentielle à prendre, afin d'arriver sûrement au résultat cherché. Cependant, certains cas se présentent, comme dans les colonnes 9, 10 et 11 de l'état n° 55 A, où chaque nombre porté dans la colonne 11 représente séparément la somme des nombres portés sur la même ligne dans les deux colonnes précédentes. Par conséquent, le total des nombres de la colonne 11 doit être égal à la somme des deux totaux précédents, colonnes 9 et 10; et comme celui qui a confectionné l'état a dû faire l'addition perpendiculaire, il est naturel que le vérificateur suive une route différente et qu'il additionne horizontalement.

Néanmoins, cette abréviation de calcul n'est pas entièrement rigoureuse; elle ne serait peut-être même pas sans dangers, si l'on s'en contentait, du moins pour la dernière colonne du total; car, quant aux colonnes précédentes, existerait-il une erreur, elle serait sans conséquence, puisqu'on devrait forcément la découvrir en additionnant la colonne 18.

Nous allons exposer avec des exemples les théories de vérification relatives aux divers cas qui peuvent se présenter le plus généralement dans l'administration des Contributions Indirectes, en passant en revue les différents états ou registres le plus communément employés; nous omettrons, toutefois, l'état n° 54 A, dont on peut effectuer déjà la vérification complète au moyen de ce que nous avons dit plus haut.

§ I. — Vérification d'un Etat n° 54 B.

Soit à vérifier un état de produits n° 54 B, qui récapitule les droits de circulation constatés sur les quantités de vins, cidres, poirés, etc., restant aux charges des assujétis qui ont fait leur déclaration de cesser.

On sait que ce droit, établi progressivement pour chaque département, suivant la classe à laquelle il appartient, a été fixé par la loi aux quotités suivantes, savoir :

<table>
<tr><td rowspan="4">Vins. . .</td><td>1re classe..............</td><td>» f</td><td>60^c par hect.</td></tr>
</table>

Vins. . . { 1re classe.............. »f 60c par hect.
2e — .... » 80 —
3e — .... 1 00 —
4e — .... 1 20 —

Cidres, poirés et hydromels .... » 50 —

1. — 1re Classe.

Considérons d'abord un état formé dans un département de première classe, et, pour plus de simplicité, faisons abstraction des quantités de cidres qui pourraient exister.

Les quantités de vins seront frappées d'un droit de 60 centimes par hectolitre, et, d'après le modèle fourni par l'Administration, l'état pourra, par exemple, se présenter sous l'aspect suivant :

ETAT N° 51 B.

Quantités constatées.			Montant des Droits.				
Vins. 6		Cidres, etc. 7	Principal 8		Décime. 9		Total. 10
h.	l.		f.	c.	f.	c.	f.	c.
4	30		2	58	»	26	2	84
2	70		1	62	»	17	1	79
1	23		»	74	»	08	»	82
»	25		»	15	»	02	»	17
4	00		2	40	»	24	2	64
1	32		»	80	»	08	»	88
1	44		»	87	»	09	»	96
»	90		»	54	»	06	»	60
1	12		»	68	»	07	»	75
2	37		1	43	»	15	1	58
3	60		2	16	»	22	2	38
5	15		3	09	»	31	3	40
5	28		3	17	»	32	3	49
»	52		»	32	»	04	»	36
3	09		1	86	»	19	2	05
2	75		1	65	»	17	1	82
1	51		»	91	»	10	1	01
4	30		2	58	»	26	2	84
2	20		1	32	»	14	1	46
6	22		3	74	»	38	4	12
3	20		1	92	»	20	2	12
4	10		2	46	»	25	2	71
3	16		1	90	»	19	2	09
9	50		5	70	»	57	6	27
74	21		44	59	4	56	49	15

Pour opérer cette vérification, on a dû commencer, comme nous l'avons dit, par faire l'appel des quantités portées dans la colonne 6, avec chaque compte inscrit aux divers portatifs.

Vérification du Principal.

La régularité de ces reports et celle du total étant constatées, on est conduit à s'assurer si le droit principal (colonne 8) a été calculé sans erreur.

Or, ce droit, pour chaque article, provenant de la multiplication des quantités portées dans la colonne 6 par le taux fixé, 0 fr. 60 c. par hectolitre, il est naturel que le total de la colonne 8 devrait être égal au produit du total des quantités (colonne 6) multiplié par 0 fr. 60 c. et divisé par 100.

Ce fait serait évident si toutes les quantités étaient des nombres entiers d'hectolitres, ou même des dizaines exactes de litres; car un droit principal de 0 fr. 60 c. pour 100 litres donne 0 fr. 06 c. du même droit pour 10 litres, et par conséquent, dans le total des quantités, —en admettant que la colonne 6 n'exprimât que des nombres entiers de dizaines de litres, — autant il y aurait de fois 10 litres, autant dans le total du droit principal il y aurait de fois 0 fr. 06 c.; mais si les quantités présentent des unités de litres, et que le chiffre qui les exprime soit autre que le chiffre 5, la concordance entre le produit de la multiplication et le total du droit en principal ne pourra plus exister; car le droit de 100 litres étant de 60 centimes, celui de 1 litre sera de 60 centièmes de centime seulement, ou de 6 dixièmes (en ne considérant désormais, dans les produits du cas qui nous occupe, que des décimales de ce dernier ordre), et par conséquent, le calcul du droit pour les unités de litres ne donnant pas, excepté pour le chiffre 5, un nombre exact de dizaines, c'est-à-dire un nombre exact de centimes, il y aura toujours un certain reste, composé de dixièmes de centime, qui n'entrera pas directement dans le droit principal; mais comme, d'après le principe fiscal, on doit toujours *forcer*, le droit qu'on prend à chaque article est trop fort d'un nombre de dixièmes de centime égal à la différence du véritable produit obtenu à la dizaine suivante.

Ainsi, soit à calculer le droit sur 6 litres de vin, par exemple :

Le produit réel par la taxe sera   3ᶜ 6 dixièmes.

Et comme le droit est de . . .   4ᶜ 0

On a dû *forcer* de la différence   0 4 dixièmes, qui existe entre 6 dixièmes et l'unité, 10 dixièmes.

C'est précisément la somme de ces fractions forcées qui constitue la différence entre le produit de la multiplication et le total de la colonne 8; donc, si nous multiplions le total de la colonne 6 par 0 fr. 60 c. p. 0ₗ0 ou par 6 cent. pour 10, et si au produit ainsi obtenu nous ajoutons la somme des forcements que nous récapitulerons successivement, par addition, à chacun des articles de la colonne 6, nous devrons trouver nécessairement un total égal à celui de la colonne du droit en principal.

Pour trouver ces fractions forcées, il suffit, comme nous l'avons fait plus haut, de chercher, pour chaque chiffre des unités de litres, le complément des dixièmes de centime du produit réel à la dizaine suivante, ce qui se fait aisément de tête et dont voici, d'ailleurs, le tableau exact :

Pour une quantité de	1	litre, on a forcé de	4	dixièmes de cent.
	2		8	
	3		2	
	4		6	
	5		0	
	6		4	
	7		8	
	8		2	
	9		6	

Ainsi, dans l'exemple donné, si nous multiplions par 6 dixièmes de centime le total des quantités, 74 h. 24 l., et si, au produit obtenu 44526 dixièmes de centimes nous ajoutons la somme des dixièmes forcés, que nous récapitulons, comme il a été dit, suivant chaque chiffre de la colonne des unités de litres, et qui s'élève au nombre de 64, nous obtiendrons un résultat, qui, divisé par 10, égalera la

$$74^h,24^l$$
$$6^d$$
$$\overline{44526^d}$$
$$64$$
$$\overline{44590}$$

somme de 44 fr. 59 c., inscrite au total du droit principal, colonne 8.

NOTA. — Il est à remarquer que les deux chiffres décimaux, tels que 6 et 4, qui représentent des dixièmes de centimes dans le produit de la multiplication et dans la somme des fractions complémentaires, doivent nécessairement former un total de 10 dixièmes, car l'un est le complément de l'autre.

2ᵉ Méthode.

Il existe, comme nous l'avons dit, un autre procédé de vérification qui peut être employé avec succès à cause de sa rapidité, puisqu'on doit toujours additionner la colonne des quantités.

Pour la démontrer, supposons l'exemple précédent, et observons que, puisque la quotité du droit est d'un nombre exact de centimes par hectolitre et même par dizaine de litres, si chacune des quantités de la colonne 6 était représentée par un nombre exact de dizaines, la multiplication de ces quantités, pour chaque compte, ne produirait pas de fractions de centimes et ne donnerait lieu à aucun forcement; et, comme le total des quantités serait lui-même une somme exacte d'hectolitres ou de dizaines de litres, en le multipliant par la taxe 60 cent., ou plutôt par 6 cent. et divisant le produit par 10, on obtiendrait véritablement le total de la colonne du principal.

Mais, comme presque toujours, il y a des unités de

litres dans les quantités, il arrive généralement que leur somme produit des dizaines, qui, dans le total, viennent se confondre avec la somme de la colonne des dizaines, et que, si l'on multiplie toutes les quantités par le droit fixé, on obtient, comme nous l'avons déjà démontré, un produit trop faible, qui ne peut concorder avec le total du droit principal; mais si, du total des quantités, nous retranchons celui de la colonne des unités de litres isolée, nous aurons pour reste la somme des dizaines de chaque article, et en le multipliant par la taxe, le produit obtenu différera du total des droits en principal (colonne 8) de la somme des droits particls, *forts centimes compris*, qui sont afférents à chaque chiffre en particulier de la colonne des unités de litres.

Si donc, après avoir récapitulé, par addition, d'article en article, les droits sur chaque nombre isolé d'unités de litres, nous en ajoutons le total au produit déjà obtenu, rigoureusement nous devrons retrouver le total de la colonne 8.

Voici le tableau des droits à prendre pour chaque chiffre qui peut se trouver dans la colonne des unités de litres :

Pour une quantité de 1 lit., le droit principal (*forts centimes compris*) est de »f 01»

—	2	— » 02
—	3	— » 02
—	4	— » 03
—	5	— » 03

Pour une quantité de 6 lit., le droit principal (ícrts centimes compris) est de » f 04ᶜ

	7		» 05
	8		» 05
	9		» 06

Supposons donc l'état déjà pris pour exemple.

Du total 74 h. 21 l., nous retrancherons celui (61 litres) de la colonne des unités de litres, et nous multiplierons le reste (736 dizaines) par 6 centimes, ce qui nous donnera un nombre exact de centimes (44 fr. 16 c.).

$$\begin{array}{r} 74^{\text{h}}\,21^{\text{l}} \\ 61^{\text{c}} \\ \hline 73\ 6{,}0 \\ 6 \\ \hline 44^{\text{f}}\,16^{\text{c}} \\ 43 \\ \hline 44^{\text{f}}\,59^{\text{c}} \end{array}$$

Puis, revenant à la colonne des unités de litres que nous avions laissée de côté, et additionnant, d'après le tableau ci-dessus, les droits afférents à chaque chiffre, nous en ajouterons le total (43 centimes) au résultat précédent, et nous obtiendrons une somme qui, par sa concordance parfaite avec le total de la colonne 8, prouvera complètement l'exactitude de ce dernier.

Vérification du Décime.

Passons maintenant à la colonne du décime.

1ʳᵉ Méthode.

Nous allons commencer par employer la méthode que nous appellerons *complémentaire*, et comme précédemment (page 13), nous chercherons de quelle fraction on a dû forcer pour obtenir chaque décime partiel.

Or, comme pour 5 fr. 40 c. de principal, par exemple, le décime est exactement de 54 c., si chaque article du droit en principal était un nombre entier de dizaines de centimes, on n'aurait point eu à forcer pour obtenir chaque *décime* particulier, et par conséquent, le total de la colonne 9 serait égal à celui de la colonne 8 divisé par 10, ou privé d'un zéro sur la droite.

Mais si le droit principal présente des unités de centimes, comme dans 2 fr. 58 c. par exemple, le dixième réel serait de 25 c. 8, et, en forçant, 26 c.

Le montant du décime fiscal dépasse donc le véritable dixième du principal de la *différence complémentaire* de 8 à 10 dixièmes, c'est-à-dire de 2 dixièmes de centimes; et comme dans le total de la colonne 9 sont cumulés tous ces forts centimes, il en résulte que ce total excède le dixième réel du total de la colonne du principal de la somme des forcements partiels qu'on a dû effectuer pour chaque compte.

Si donc nous récapitulons ces différences complémentaires dont je n'ai pas besoin de donner le tableau et qu'on voit immédiatement, puisque chacune d'elles est égale à la différence qui existe entre chaque chiffre significatif de la colonne des unités de centimes au principal et le nombre 10, et si nous en ajoutons la somme au dixième réel du principal, nous obtiendrons un résultat qui, divisé par 10, sera nécessairement égal au total de la colonne du décime.

Ainsi, dans l'exemple donné,

Le dixième du principal (colonne 8) est de.. 4ᶠ 45ᶜ 9
La somme des différences complémentaires, de 10 1
—————————
Total du décime. . . . 4ᶠ, 56ᶜ, 0

NOTA. — Il est également à remarquer ici que les deux chiffres décimaux, tels que 9 et 1, représentant des dixièmes de centimes, doivent nécessairement former un total de 10 dixièmes, car l'un est le complément de l'autre.

2ᵉ Méthode.

D'après ce que nous avons vu précédemment, si chaque article de la colonne 8 énonçait seulement des dizaines entières de centimes, il n'y aurait pas eu de forcements dans les calculs partiels, et, par conséquent, le dixième du total de cette colonne serait égal à celui du décime. Mais si nous retranchons du total général des droits en principal celui de la colonne des unités de centimes, le reste que nous obtiendrons représentera la somme de toutes les dizaines du principal, et son décime, trop faible, différera du total de la colonne 9, de la somme des décimes partiels afférents à chaque chiffre significatif de la colonne des unités de centimes. Or, si nous remarquons que, par les forcements partiels à chaque article, chacun de ces chiffres devient égal à une dizaine de centimes, et qu'il donne lieu, par conséquent, à un *centime* de décime, nous n'aurons, pour obtenir le montant des droits supplémentaires du décime, qu'à compter dans la colonne des unités de centimes combien il y a de chiffres significatifs, et à en ajouter le nombre au dixième des dizaines obtenu précédemment. La somme devra être égale au décime général (total de la colonne 9).

Ainsi, soit l'exemple donné, page 12 :

Le total du principal est de . . . . 44'59'

Le total de la colonne des unités, à *retrancher*, de 99

Reste le total des dizaines (dont le décime est évident) 436,0

Le nombre des chiffres significatifs portés dans la colonne des unités de centimes est de 20

Total qui doit concorder avec celui de la colonne 9 . . . . 4'56'

Ces deux méthodes s'appliquent également à tous les décimes ou dixièmes que l'on pourrait avoir à vérifier.

II. — Deuxième Classe : » 80 c. par hectolitre.

Vérification du Principal.

1ʳᵉ Méthode.

Soit donné maintenant un état dont les quantités sont frappées du droit affecté à la deuxième classe : 80 c. par hectolitre.

Après avoir raisonné comme précédemment (page 13), on cherchera de la même manière les forcements de fractions correspondants à chaque chiffre de la colonne des unités de litres, et l'on pourra former le tableau suivant :

Pour 1 litre, on a forcé de 2 dixièmes de centime.

— 2	——	4	——
— 3	——	6	——
— 4	——	8	——
— 5	——	0	——
— 6	——	2	——
— 7	——	4	——
— 8	——	6	——
— 9	——	8	——

On fera, comme plus haut, la récapitulation de ces quantités partielles, et après en avoir ajouté la somme au produit du total de la colonne 8, multiplié par 8 centimes, et avoir divisé le résultat par 10, on obtiendra le droit principal.

2ᵉ Méthode.

Par un mode tout à fait analogue à celui que nous avons indiqué (page 16), on peut encore arriver rapidement à la vérification de l'état dans le cas qui nous occupe.

Pour cela, on calculera la somme des droits supplémentaires, pour la colonne des unités de litres, suivant les indications présentées dans le tableau ci-après :

Pour 1 litre, le droit principal (forts centimes compris) est de   01ᶜ
— 2   ⸺   02
— 3   ⸺   03
— 4   ⸺   04
— 5   ⸺   04
— 6   ⸺   05
— 7   ⸺   06
— 8   ⸺   07
— 9   ⸺   08

Pour la vérification de la colonne du décime, voyez pages 18 et 20.

III. — TROISIÈME CLASSE : 1 fr. 00 PAR HECTOLITRE.

Pour les départements de troisième classe dont la taxe est de 1 fr. 00 par hectolitre de vin, le calcul du principal est nul, et le montant du droit n'est que la reproduction des quantités.

Les deux colonnes 6 et 8 doivent concorder parfai-
faitement, pourvu toutefois, comme nous l'avons sup-
posé, qu'il ne figure pas à l'état, dans la colonne 7,
des quantités de cidres, poirés, etc., dont le droit serait confondu, dans la colonne 8, avec celui provenant de l'application des taxes aux vins.

IV. —QUATRIÈME CLASSE : 1 fr. 20 c. PAR HECTOLITRE.

Vérification du Principal.

1ʳᵉ Méthode.

Pour la théorie, voir précédemment page 13.

Voici le tableau à consulter pour le calcul des forcements opérés, dans les décomptes, à chaque article
dont les quantités ont été frappées du droit fixé pour
la 4ᵉ classe, 1 fr. 20 par hectolitre :

	1, on a forcé de 8 dixièmes de centime.
Lorsque	2 — 6 —
les	3 — 4 —
unités de litres	4 — 2 —
sont	5 — 0 —
représentées	6 — 8 —
par	7 — 6 —
le chiffre	8 — 4 —
	9 — 2 —

2e Méthode.

Après avoir opéré comme il a été dit plus haut (page 16), on se conformera, pour les calculs supplémentaires, au tableau suivant qui présente le droit en principal pour chaque chiffre énonçant des unités de litres, lorsque la taxe est de 1 fr. 20 par hectolitre.

Pour 1 litre, le droit principal (forcements compris) est de 02^c
— 2   ——   03
— 3   ——   04
— 4   ——   05
— 5   ——   06
— 6   ——   08
— 7   ——   09
— 8   ——   10
— 9   ——   11

V. — Cidres, Poirés et Hydromels. — 0 fr. 50 c.
PAR HECTOLITRE.

Vérification du Principal.

1re Méthode (page 13).

Pour les cidres, poirés et hydromels, dont le droit est fixé à 0 fr. 50 c. par hectolitre, pour toute la France, les calculs de vérification deviennent plus simples; car, la multiplication des quantités par la taxe donnant des unités entières de centimes pour chaque article de la colonne 6, dont le nombre est pair, il demeure évident qu'il n'y a de forcements à opérer que lorsque le chiffre qui exprime les unités de litres est impair, et comme, d'ailleurs, ces forcements sont uniformément de la valeur de *cinq dixièmes* de centime pour chaque chiffre impair, il suffira, pour les récapituler, de prendre autant de fois 5 dixièmes, qu'il y a de chiffres impairs dans la colonne des unités de litres, et, pour retrouver le total de la colonne 8, d'ajouter la somme ainsi obtenue par récapitulation, au produit énoncé en dixièmes de centimes, du total de la colonne 6 par la quotité de la taxe. — En séparant ensuite dans le résultat le dernier chiffre à droite, qui doit toujours être un zéro, on arrivera nécessairement au but cherché.

2ᵉ Méthode.

Voici le tableau des droits qu'on doit prendre, en appliquant la deuxième méthode, pour chaque chiffre qui peut se trouver dans la colonne des unités de litres.

(Pour le raisonnement, voir page 16).

Pour 1 litre, le droit principal (forcements compris) est de		01ᶜ
— 2	——	01
— 3	——	02
— 4	——	02

Pour 5 litres, le droit principal (forcements compris) est de 03^c

—	6	——		03
—	7	——		04
—	8	——		04
—	9	——		05

REMARQUE. — Lorsque sur le même état se trouvent des quantités de vins et de cidres, comme il y a deux colonnes spéciales, on opère séparément sur chacune des espèces de boissons, et la somme des deux résultats doit être égale au total de la colonne 8.

§ II. — Vérification de l'État n° 51 C,

qui récapitule les droits de détail et de consommation constatés et calculés à raison de 15 pour cent de la valeur obtenue d'après les prix moyens pour les vins, et pour l'alcool à raison de 34 fr. 00 c. par hectolitre.

Pour les vins, cidres, poirés, etc., on multipliera les quantités par le prix moyen pour avoir le total de la valeur, colonne 10, et d'après cette colonne, on vérifiera celle du droit principal à 15 p. 0/0, suivant le mode indiqué plus loin, page 46.

Pour l'alcool, il n'y a point de forts centimes, et la multiplication des quantités, par le taux de 34 fr. 00 l'hectolitre, doit donner un produit égal au total du principal.

§ III.—Vérification de l'État n° 52 A.

La vérification du *principal* dans l'état n° 52 A s'opère, comme pour l'état n° 51 B, de deux manières principales :

1° Par la *méthode complémentaire*, qui consiste à récapituler les dixièmes de centime dont on a dû forcer, et à en ajouter la somme au produit du total par la taxe.

2° Par la méthode que nous appellerons *supplémentaire*, avec laquelle on fait abstraction, dans les quantités, d'une ou plusieurs colonnes de chiffres à partir de celle des unités simples, et l'on ajoute postérieurement la somme des droits y afférents au produit effectué du reste des quantités multiplié par la quotité du droit.

Chaque fois que les procédés de vérification seront les mêmes que ceux employés pour l'état n° 51 B, nous nous bornerons à donner les tableaux de forcements ou de droits d'après lesquels on devra opérer, renvoyant, pour les théories, à celles déjà exposées, pages 13 et 16.

I. — Première Classe.

A. — 1re *catégorie.* — *De 4,000 à 6,000 âmes.* — »f 30c
par hectolitre.

1re Méthode.

Voici le tableau des dixièmes de centime dont on a
forcé pour obtenir le droit principal à chaque article.

Lorsque le chiffre des unités de litres est

1, on a forcé de	7	dixièmes de centime.
2	4	
3	1	
4	8	
5	5	
6	2	
7	9	
8	6	
9	3	

2e Méthode.

Tableau présentant les droits en principal, forcements compris, pour chaque chiffre significatif qui
peut se trouver dans la colonne des unités de litres.

Pour 1 litre
— 2 litres
— 3 —
le droit principal est de 04 centime.

Pour 4 litres
— 5 — } le **droit** principal est de 02 centimes.
— 6 —

— 7 —
— 8 — } ———   03 —
— 9 —

B. — *2ᵉ catégorie.* — *De 6,000 à 10,000 âmes.* — ₙᶠ 45ᶜ *par hectolitre.*

1ʳᵉ Méthode.

Lorsque les quantités sont affectées du droit de 0 fr. 45 c. par hectolitre, la vérification n'est pas aussi simple que dans les cas précédents, parce que, la quotité de la taxe n'étant pas exprimée par un nombre exact de dizaines de centimes, les forcements portent sur les chiffres des unités et sur ceux des dizaines de litres, et varient, pour ainsi dire, à chacun des nombres qui pourraient s'y trouver.

Nous ne donnerons pas ici de démonstration pour le cas qui nous occupe, parce que nous développons complètement la théorie plus loin, page 46, pour un cas qui présente avec celui-ci la plus grande analogie.

Seulement, par des considérations semblables à celles que nous y avons indiquées, nous verrons qu'on peut ramener à *quatre* tous les cas de forcements, et classer, suivant les fractions auxquelles ils donnent lieu, les nombres qui expriment les dizaines et les unités de litres aux quantités.

Voici le résultat des opérations que nous avons dû faire pour trouver de combien on a forcé dans tous les cas possibles.

1er Cas. — Supposons dans la colonne des quantités un nombre dont les dizaines et les unités de litres soient représentées par un chiffre *pair, suivi d'un zéro,* tel que 2ʰ 40ˡ.

Il n'y a pas eu de forcement opéré.

2ᵉ Cas. — Soit un nombre dont les dizaines et les unités sont exprimées par un chiffre *impair, suivi d'un zéro* (2ʰ, 50).

Les forcements sont uniformément de 50 centièmes de centimes.

3ᵉ Cas. — Soient exprimées par un chiffre *pair, suivi d'un des neuf premiers nombres,* les dizaines et les unités de la colonne 6, comme dans 2ʰ, 17 par exemple.

Le chiffre pair n'occasionnant aucun trouble dans le calcul, les forcements pour chaque chiffre de la colonne des unités de litres sont conformes au tableau ci-après :

$$\text{Pour le chiffre} \begin{cases} 1, \text{ on a forcé de } 55 \text{ centièmes de centime.} \\ 2 \quad\text{------}\quad 10 \quad\text{------} \\ 3 \quad\text{------}\quad 65 \quad\text{------} \\ 4 \quad\text{------}\quad 20 \quad\text{------} \\ 5 \quad\text{------}\quad 75 \quad\text{------} \\ 6 \quad\text{------}\quad 30 \quad\text{------} \\ 7 \quad\text{------}\quad 85 \quad\text{------} \\ 8 \quad\text{------}\quad 40 \quad\text{------} \\ 9 \quad\text{------}\quad 95 \quad\text{------} \end{cases}$$

4ᵉ Cas. — Supposons, enfin, un nombre tel que 2ʰ 58ˡ, dont les dizaines et les unités sont représentées par un chiffre *impair, suivi d'un des chiffres significatifs de la numération.*

Voici le tableau des forcements opérés selon le chiffre qui exprime les unités de litres :

$$\text{Lorsque ce chiffre est} \begin{cases} 1, \text{ on a forcé de } 05 \text{ centièmes de centime.} \\ 2 \quad\text{------}\quad 60 \quad\text{------} \\ 3 \quad\text{------}\quad 15 \quad\text{------} \\ 4 \quad\text{------}\quad 70 \quad\text{------} \\ 5 \quad\text{------}\quad 25 \quad\text{------} \\ 6 \quad\text{------}\quad 80 \quad\text{------} \\ 7 \quad\text{------}\quad 35 \quad\text{------} \\ 8 \quad\text{------}\quad 90 \quad\text{------} \\ 9 \quad\text{------}\quad 45 \quad\text{------} \end{cases}$$

2ᵉ Méthode.

Voir les observations exposées plus loin, page 53.

C. — *3ᵉ catégorie.* — 10,000 à 15,000 *âmes.* — »ᶠ 60ᶜ *par hectolitre.*

Voir pages 13 et 16.

D. — *4ᵉ catégorie.* — 15,000 à 20,000 *âmes.* — »ᶠ 75ᶜ *par hectolitre.*

1ʳᵉ Méthode.

Par un raisonnement analogue à celui que nous avons fait, page 50, et qui nous renvoie à la théorie, page 46, nous ramènerons à *quatre* tous les cas qui peuvent se présenter, et nous nous bornerons à relater ici les résultats des calculs.

1ᵉʳ Cas. — Les dizaines et les unités de litres sont représentées par un chiffre *pair, suivi d'un zéro* (2 h. 10).

Point de forcements à prendre en note.

2ᵉ Cas. — Chiffre *impair, suivi d'un zéro,* par exemple 2, h. 70.

On a forcé uniformément de 50 centièmes de centime.

3ᵉ Cas. — Chiffre *pair, suivi d'un des chiffres de la série numérale* (2, h. 23 — 2, h. 28).

Voici le tableau des forcements opérés :

	1, on a forcé de 25 centièmes de centime.		
	2	—	50	—
Lorsque	3	—	75	—
le	4	—	00	—
chiffre	5	—	25	—
des	6	—	50	—
unités de litres	7	—	75	—
est	8	—	00	—
	9	—	25	—

4ᵉ Cas. — Chiffre *impair, suivi d'un des chiffres ci-dessus* (2ʰ, 51 — 2ʰ, 64, par exemple).

Tableau des forcements opérés :

	1, on a forcé de 75 centièmes de centime.		
	2	—	00	—
Le chiffre	3	—	25	—
des	4	—	50	—
unités de litres	5	—	75	—
étant	6	—	00	—
	7	—	25	—
	8	—	50	—
	9	—	75	—

2ᵉ Méthode.

Voyez page 53.

E. — *5ᵉ catégorie.* — *De 20,000 à 30,000 âmes.* — ᵇᶠ 90ᶜ *par hectolitre.*

Voir plus loin, page 39.

F. — *6ᵉ catégorie.* — *De 30,000 à 50,000 âmes.* — 1ᶠ 05ᶜ *par hectolitre.*

1ʳᵉ Méthode.

Pour le raisonnement, voir page 46.

1ᵉʳ Cas. — (2ʰ 40; 2ʰ 80; par ex.) — Point de forcements.

2ᵉ Cas. — (2ʰ 50; 2ʰ 50.) — Forcements uniformes de 50 centièmes de centime.

3ᵉ Cas. — (2ʰ 44; 2ʰ 66; 2ʰ 89).

Tableau présentant les fractions dont on doit tenir compte, suivant les chiffres inscrits aux unités de litres :

<table>
<tr><td rowspan="9">Pour
le chiffre</td><td>1, on a forcé de 95 centièmes.</td></tr>
<tr><td>2 — 90 —</td></tr>
<tr><td>3 — 85 —</td></tr>
<tr><td>4 — 80 —</td></tr>
<tr><td>5 — 75 —</td></tr>
<tr><td>6 — 70 —</td></tr>
<tr><td>7 — 65 —</td></tr>
<tr><td>8 — 60 —</td></tr>
<tr><td>9 — 55 —</td></tr>
</table>

4ᵉ Cas. — Tableau des forcements lorsque le chiffre qui précède les unités de litres est *impair* (2ʰ 5 ⁱ) par ex.

Pour le chiffre exprimant des litres

1, le forcement a été de 45 centièmes.		
2	—	40 —
3	—	35 —
4	—	30 —
5	—	25 —
6	—	20 —
7	—	15 —
8	—	10 —
9	—	05 —

2ᵉ Méthode.

Voir les observations de la page 53.

G. — 7ᵉ *catégorie.* — *De* 50,000 *âmes et au-dessus.* — 1ᶠ 20ᶜ *par hect.*

Mêmes vérifications et mêmes forcements que page 24.

II. — Deuxième Classe.

A. — 1ʳᵉ *catégorie.* — »ᶠ 40ᶜ *par hect.*

1ʳᵉ Méthode.

Raisonnement, page 13.

Tableau de fractions de centimes dont on a dû forcer, selon chaque chiffre exprimant les unités de litres :

Pour 1 litre, on a forcé de 6 dixièmes de centime.

—	2	——	2	——
—	3	——	8	——
—	4	——	4	——
—	5	——	0	——
—	6	——	6	——
—	7	——	2	——
—	8	——	8	——
—	9	——	4	——

2ᵉ Méthode.

Tableau des droits en principal, forcements compris, pour chaque chiffre de la colonne des unités de litres. (Raisonnement, page 16.)

Pour 1 litre }
— 2 litres } le droit est de 01 centime.

— 3 — }
— 4 — } —— 02 centimes.
— 5 — }

— 6 — }
— 7 — } —— 03 —

— 8 — }
— 9 — } —— 04 —

B.—2ᵉ catégorie.— »ᶠ 60ᶜ par hect. }
C.—3ᵉ   —   — » 80 — } voyez pages {
D.—3ᵉ   —   —1,00 — }
E.—4ᵉ   —   —1,20 — }

{ 13 et 16.
{ 22.
{ 23.
{ 24 et 25.

F. — *6e catégorie.* — 1f 40c *par hect.*

La taxe de 1 fr. par hectolitre ne pouvant influer en rien sur les droits ou forcements fractionnaires à considérer dans la vérification, ce cas rentre évidemment dans un des précédents, 1re méthode, page 36.

G. — *7e catégorie.* — 1f 60c *par h.* — Voir page 13, 1re méthode.

III. — 3e CLASSE.

A. — »f 50c *par hect.*		25 et 26.
B. — » 75 —		33.
C. — 1 00 —	voyez pages	23.
D. — 1 25 —		42.
E. — 1 50 —		25, 1re méthode.
F. — 1 75 —		33.

A. — *7e catégorie.* — 2f 00c *par hect.*

La quotité de la taxe ne produit dans le calcul aucune espèce de fractions.

IV. — QUATRIÈME CLASSE.

A. — *1re catégorie.* — »f 60c *par hect.* — Voir pages 13 et 16.

B. — 2ᵉ catégorie, — »ᶠ 90ᶜ par hect.

1ʳᵉ Méthode.

Pour le raisonnement, voyez page 13.

Tableau des dixièmes de centime dont on a forcé dans chaque calcul particulier du droit en principal :

	1, on a forcé de **1** dixième de centime.			
Lorsque	2	—	2	—
le	3	—	3	—
nombre				
des	4	—	4	—
unités de litres	5	—	5	—
est exprimé	6	—	6	—
par	7	—	7	—
un des chiffres	8	—	8	—
	9	—	9	—

REMARQUE. — On voit par ce tableau qu'on a forcé d'un nombre de dixièmes de centimes égal au nombre d'**unités de litres**, ce qui se conçoit aisément, puisque la quotité de la taxe ne diffère pour UN litre, de celle d'*un centime*, **que** d'UN seul dixième de centime.

On n'a donc, pour la vérification d'un état semblable, qu'à ajouter simplement au produit de la multiplication par 9 cent. pour 10 du total de la colonne des quantités, *un nombre de dixièmes de centimes égal à la somme de la colonne partielle des unités de litres.*

2ᵉ Méthode (Voyez page 16).

Si l'on observe que, pour un droit de »ᶠ 90ᶜ par hectolitre, le droit principal (forcements compris) pour
chaque chiffre exprimant des unités de litres est égal
à ce chiffre lui-même, on s'apercevra facilement d'une
heureuse simplification de calcul; car, pour obtenir le
total de la colonne 7, il suffira d'ajouter au produit de
la multiplication par 9 cent., des dixaines et centaines
de litres (voir à la multiplication par » fr. 90 cent., 2ᵉ
partie), un nombre de centimes *égal à la somme effectuée de la colonne partielle des unités de litres.*

C. — 1ᶠ 20ᶜ, *par hect.*				24 et 25.
D — 1 50 —	}	Voir pages	{	25, 1ʳᵉ méthode.
E. — 1 80 —				22, 1ʳᵉ —

F. — À 2ᶠ 10ᶜ *par hect.*

1ʳᵉ Méthode (Voir page 13).

Tableau des fractions de centime dont on a forcé :

	1, on a forcé de 9 dixièmes de centime.			
	2 — 8 —			
	3 — 7 —			
Lorsque	4 — 6 —			
le chiffre	5 — 5 —			
des	6 — 4 —			
unités de litres	7 — 3 —			
est	8 — 2 —			
	9 — 1 —			

Remarque. — Comme on aurait pu le faire pour la vérification du décime, 1ʳᵉ méthode, il est facile ici de trouver la somme des fractions complémentaires dont on a forcé.

En effet, il suffit de compter le nombre des chiffres significatifs qui expriment des unités de litres dans la colonne 6, de le multiplier par 10 et de retrancher du résultat la somme de ces mêmes chiffres (colonne partielle des unités de litres). Le reste représentera nécessairement le total des fractions de centime complémentaires dont on a dû forcer.

2ᵉ Méthode (Voir page 16).

Tableau des droits en principal, forcements compris, pour chaque chiffre de la colonne des unités de litres.

Pour 1 litre, le droit principal (forcements compris) est de 03ᶜ

—	2	—	05
—	3	—	07
—	4	—	09
—	5	—	11
—	6	—	13
—	7	—	15
—	8	—	17
—	9	—	19

On peut encore ici simplifier le calcul de vérification. Il suffit, en effet, pour avoir le total du droit principal, col. 7, de multiplier par 24 cent. les dizaines et centaines de litres qui restent, après opération pré-

paratoire indiquée à la page 17, et d'ajouter au résultat *un nombre d'unités de centimes, égal au double
du total de la colonne partielle des unités de litres augmenté du nombre des chiffres significatifs de cette même
colonne.*

G. — *A 2ᶠ 40ᶜ par hect.* — Voir page 36 : 1ʳᵉ Méthode.

V. — Cidres, Poirés et Hydromels.

A. — 1ʳᵉ *catégorie.* — »ᶠ 25ᶜ *par hect.*

1ʳᵉ Méthode.

Pour la démonstration, voir page 46.

Dans les *quatre* cas que nous avons à considérer,
les deux premiers se comportant exactement comme
ceux des taxes examinées, pages 30, 46, etc., — ce
qui est visible puisque le chiffre 5 termine toujours
la quotité du droit et que lui seul, dans ces deux pre-
mières situations, pourrait apporter du trouble dans le
calcul, — nous nous bornerons à donner ici les tableaux des forcements opérés dans les deux derniers
cas.

3ᵉ Cas. — Dizaines et unités de litres exprimées par
un chiffre *pair*, suivi d'un des chiffres de la série numérale, 2ʰ 43, par exemple.

	1, on a forcé de	75	centièmes de centime.	
	2	—	50	—
Lorsque	3	—	25	—
le	4	—	00	—
chiffre	5	—	75	—
des	6	—	50	—
unités de litres	7	—	25	—
est	8	—	00	—
	9	—	75	—

4ᵉ Cas. — Chiffre *impair*, suivi d'un chiffre quelconque autre qu'un zéro. — 2ʰ 75, par exemple.

	1 (précédé du chiffre impair) on a forcé de	25	centièmes.	
	2	—	00	—
	3	—	75	—
Pour le chiffre	4	—	50	—
	5	—	25	—
	6	—	00	—
	7	—	75	—
	8	—	50	—
	9	—	25	—

2ᵉ Méthode.

Impossible à réaliser rapidement. — Voir page 53.

B. — 2ᵉ *catégorie*. — ⸱ᶠ 40ᶜ *par hect.* Voir pages 36 et 37.

C. — 3ᵉ — » 50 — 25 et 26.

D. — *4ᵉ catégorie.* — »ᶠ 65ᶜ *par hect.*

1ʳᵉ Méthode.

Pour la démonstration générale, ainsi que pour les résultats des deux premiers cas, voir les pages citées plus haut 30, 46, etc.

3ᵉ Cas.—Chiffre *pair des dizaines,* suivi d'un chiffre quelconque autre qu'un zéro. — 2, 49 par exemple.

1,	aux unités de litres, a donné lieu à un forcement de 35 centièmes.
2	——— 70 —
3	——— 05 —
4	——— 40 —
5	——— 75 —
6	——— 10 —
7	——— 45 —
8	——— 80 —
9	——— 15 —

4ᵉ Cas. — Le chiffre pair du cas précédent remplacé par un chiffre *impair* quelconque. — 2, 79, par exemple.

1,	aux unités de litres, a donné lieu à un forcement de 85 centièmes.
2	——— 20 —
3	——— 55 —
4	——— 90 —
5	——— 25 —
6	——— 60 —
7	——— 95 —
8	——— 30 —
9	——— 65 —

2[e] Méthode (Voyez page 53).

E. — *à »[f] 75[c] par hect.*			33.
F. — *à » 90*	—	Voir pages	39.
G. — *à 1 00*	—		23.

VI. — ALCOOL PUR.

Les taxes afférentes aux diverses catégories d'alcool étant représentées par un nombre exact de francs, le calcul du principal à chaque article n'a pu donner lieu à aucun forcement partiel, et la vérification se réduit à l'addition des quantités et à la multiplication du total par la quotité du droit.

§ IV. — Vérification d'un Etat n° 55.

Après nous être assurés, par les moyens de vérification naturels que nous indiquons sommairement plus loin, page 61, de l'exactitude des éléments sur lesquels nous allons opérer, nous arrivons à la colonne du droit principal (12) qui, pour chaque article, a dû être calculé à raison de 15 p. 0⟋0 de la valeur portée dans la colonne précédente (11).

Vérification du 15 pour 100 (colonne 12).

1re Méthode.

Par un raisonnement analogue à ceux que nous avons faits précédemment, nous verrions que si, en calculant le 15 p. 0⟋0 sur le total de la colonne 11, nous trouvons un produit moindre que le total de la colonne 12, la différence qu'on y remarque provient des forcements de fractions opérés à chaque compte en particulier. Nous allons donc chercher de combien on a dû forcer pour obtenir le droit principal, suivant les chiffres insérés dans les colonnes des dizaines et des unités de centimes aux valeurs.

Or, comme plusieurs cas se présentent naturellement dans les calculs, nous allons les examiner séparément, sauf ensuite à les récapituler tous dans un exemple général.

1er Cas. —Supposons que, dans la colonne 11, se présente un nombre, tel que 24 fr. 40, dont les centimes soient exprimés par un chiffre *pair, suivi d'un zéro.*

Le calcul effectué ci-contre (voir à la multiplication par 15) montre que l'opération s'est faite exactement, et qu'on n'a dû opérer, dans ce cas, aucun forcement pour obtenir le

Quantités aux valeurs .	2 4ᶠ 4 0ᶜ
Décime	2,44ᶜ0
Moitié	1,22 .
Total.	3ᶠ66 .
Droit.	3,66 .
Différence	» » »

droit principal. Ce résultat se présentant pour tous les nombres analogues à 24 fr. 40, on peut poser ce principe général :

Chaque fois que, dans la colonne 11, un article énoncera un nombre entier de francs, ou qu'il aura ses centimes exprimés par un chiffre pair (2, 4, 6 ou 8), suivi d'un zéro, il n'y aura AUCUN *compte à tenir pour les forcements.*

REMARQUE. — Il est, du reste, facile de voir que, dans ce cas, il ne peut exister aucun forcement, car le nombre qui exprime les valeurs se terminant par un zéro, les fractions ne pourraient provenir que de la multiplication du chiffre des dizaines des valeurs par le chiffre des unités de la taxe (15 p. 0ι0), et comme ce chiffre, 5, multiplié par un nombre pair, donne toujours un nombre entier de dizaines, c'est-à-dire un nombre exact de centimes, il s'ensuit qu'il ne peut y avoir de fraction forcée au produit brut, colonne 12.

2ᵉ Cas. — Supposons que le nombre porté dans la colonne 11 présente des centimes exprimés par un chiffre *impair suivi d'un zéro*, 22 fr. 50 c. par exemple.

Le calcul réel donne 3 fr. 37 c., plus une fraction de 5 dixièmes ou 50 centièmes de centimes; mais le droit devient en forçant : 3 fr. 38 c.; donc la fraction prise en trop dans le

Quantités aux valeurs	2 2'5 0'
Décime	2,2 5,0
Moitié	1,1 2,5
Total	3'3 7,5
Droit à prendre.....	3,3 8°,»
On a forcé de......	» » ,50 centièm.

montant du droit est égale à 50 centièmes de centime, et comme chaque fois que les centimes de la valeur se présentent sous des conditions analogues la quantité forcée est la même, on peut établir ce principe :

Lorsque dans la colonne 11 les centimes sont exprimés par un chiffre impair suivi d'un zéro, on a nécessairement forcé de 50 CENTIÈMES de centime, dont on doit tenir compte.

3e Cas. — Supposons maintenant un nombre terminé par un chiffre *pair, suivi du chiffre 5;*—17fr. 45c. par exemple.

D'après ce que nous avons dit en remarque, au 1er cas, le forcement ne peut provenir que du chiffre 5, et nous voyons par le calcul ci-contre, que, la multiplication donnant au produit une fraction de 75 centièmes de centime, on a dû, pour compléter le centime, forcer de 25 centièmes.

Valeurs......	1 7'4 5'
Dixième.....	1'7 4'5
Moitié.......	8 7,25
Total.......	2'6 4'7 5
Droit.......	2,62,
On a forcé de.	» » ,25 centièmes.

Ce résultat étant identique pour tous les cas analogues, on peut dire que :

Toutes les fois que les centimes de la colonne 11 sont représentés par un chiffre pair suivi du chiffre 5, on doit tenir compte d'un forcement de **25** CENTIÈMES *de centime.*

4ᵉ Cas. — Soit un nombre terminé par un chiffre *impair, suivi du chiffre 5,* tel que 18 fr. 35 c.

D'après ce que nous avons dit pour le 2ᵉ et le 3ᵉ cas, on doit déjà pressentir le résultat prouvé par le calcul ci-contre. En effet, d'abord pour le chiffre impair des dizaines de centimes, abstraction faite du 5

Valeurs......	18,35ᶜ
Dixième.....	1,83,5
Moitié.......	91,75
Total........	275,25
Droit.......	2,76ᶜ
Forcement...	» » ,75 centièm.

qui exprime les unités, on a dû forcer de 50 centièmes; puis, pour le chiffre 5, abstraction faite de celui des dizaines, on a forcé de 25 centièmes; par conséquent, leur somme, 75 centièmes, représente une expression fractionnaire de centime qui, n'atteignant pas 100 centièmes, subsiste tout entière pour la valeur du forcement opéré.

Donc nécessairement, *lorsqu'un nombre est terminé par un chiffre impair suivi d'un 5, on doit prendre note de* 75 CENTIÈMES *de centime,* comme complément du droit réel ou mathématique au droit fiscal ou administratif.

NOTA — Ce cas et le précédent, qui rentrent dans les deux suivants, n'ont été mis à part que parce qu'ils se présentent beaucoup plus fréquemment que les autres, le prix du litre de boisson variant presque toujours de 05 c. à la fois.

5ᵉ Cas. — Supposons maintenant un nombre terminé par un chiffre *pair, suivi d'un des chiffres* 1, 2, 3, 4, 6, 7, 8, 9, autres que ceux que nous avons examinés, et soit, par exemple, le nombre 8 fr. 42 c.

Nous voyons déjà que le forcement n'a pu avoir lieu qu'en raison du chiffre des unités, et, par suite du calcul ci-contre, que ce forcement, pour le chiffre 2, est égal à 70 centièmes. On pourrait semblablement calculer la valeur des fractions pour les autres chiffres exprimant des unités;

Valeurs......	8ᶠ4 2
Dixième.....	8 4ᶜ2
Moitié.......	4 2,1
Total.......	1ᶠ2 6ᶜ3
Droit.......	1,2 7ᶜ
Forcement....	» »,70 centièmes.

Donc, *lorsque l'article des valeurs présentera aux centimes un chiffre pair suivi d'un des chiffres énumérés ci-dessus, il y aura lieu de se conformer, pour récapituler les forcements, aux nombres de centièmes de centimes inscrits au tableau suivant :*

Pour le chiffre 1 (aux unités de litres) on a forcé de 85 centièmes.

—	2	——	70	—
—	3	——	55	—
—	4	——	40	—
—	6	——	10	—

Pour le chiffre 7 (aux unités de litres) on a forcé de 95 centièmes.

| — | 8 | —— | 80 | — |
| — | 9 | —— | 65 | — |

6ᵉ Cas. — Enfin, soit aux centimes de la colonne 11 un chiffre *impair, suivi d'un des chiffres énoncés au cas précédent;* — 4 fr. 97 c.

Les forcements se présentent en raison combinée des 50 centièmes provenant du chiffre impair des dizaines de centime (2ᵉ cas), et des autres centièmes occasionnés par les autres chiffres 1, 2, 3, 4, 6, etc. On pourrait, en effet, pour chaque chiffre des unités de

Valeurs.....	4,97
Dixième.....	49,7
Moitié......	24,85
Total.......	74,55
Droit.......	75ᶜ
Forcement..	» »,45 centièmes.

centimes, colonne 11, obtenir la valeur du forcement, en ajoutant la fraction afférente à ce même chiffre exprimant des unités de centimes (tableau du cas précédent) aux 50 centièmes provenant du chiffre impair des dizaines (2ᵉ cas), et ces résultats concorderaient avec ceux du calcul exact. — Ainsi, par exemple, pour 4 fr. 97 c., on a 50 plus 95 centièmes.

Lorsque la somme dépasse 100 centièmes, on doit cependant n'en prendre que l'excès, parce que la centaine, par suite du calcul, est rejetée naturellement dans la partie entière du 15 p. 0⁄0 réel. Au reste, voici le tableau de ces forcements dans le cas qui nous occupe :

Pour le chiffre 1 (aux unités de centimes) on a forcé de 35 centièmes

—	2	—		20	—
—	3	—		05	—
—	4	—		90	—
—	6	—		60	—
—	7	—		45	—
—	8	—		30	—
—	9	—		15	—

Récapitulons donc, par un exemple, les démonstrations que nous venons de donner, et soit à vérifier, pour cela, la colonne 12, d'un état tel que celui établi à la page 56.

Nous prendrons d'abord le 15 pour cent du total de la colonne 11, 17965 fr. 13 c. (voir pour le calcul, à la 2ᵉ partie), ce qui nous donnera pour résultat 2694 fr. 76 c. 95 centièmes (*b*). Puis récapitulant les forcements de chaque article, suivant les divers cas dans lesquels ils peuvent être rangés, et en les passant en revue l'un après l'autre, pour éviter toute confusion et accélérer l'opération (*a*), nous ajouterons la somme de ces forcements, 10 c. 05 centièmes au produit précédemment obtenu, et nous aurons un total

(*a*)

2ᵉ Cas.	» 50	
3ᵉ —	» 25	
4ᵉ —	1 50	
5ᵉ —	5 15	
6ᵉ —	2 65	
TOTAL.	10, 05	centièmes.

(*b*)

$$17965,13$$
$$.8982565$$
$$\overline{2694,76,95 \text{ centièmes.}}$$
$$10,05$$
$$\overline{2694,87,00}$$

2694,87,00 (*b*) qui, divisé par 100, sera rigoureusement égal au total de la colonne 12.

2e Méthode.

La deuxième méthode, que nous avons employée avec succès, page 15, et pour les cas analogues à celui que nous y avons traité, devient d'une application impossible dans celui qui nous occupe et autres semblables. On conçoit, en effet, que la quotité de la taxe étant de 15 fr. 00 c. p. 0|0, c'est-à-dire de 15 centièmes de centime pour un centime inscrit aux valeurs, si l'on veut calculer le droit principal successivement pour des valeurs représentées par la série des nombres, ce droit changera et augmentera d'une unité chaque fois que la fraction de centièmes atteindra 100, c'est-à-dire chaque fois que, par suite du nombre de centimes inscrit aux valeurs, les calculs pousseront la fraction jusqu'à cette limite. Or, comme dans le cas qui nous occupe, pour 6 centimes de valeurs, le droit principal n'est encore que de 90 centièmes de centime, mais que, pour 7 centimes, ce même droit est de 105 centièmes, c'est-à-dire de 1 centime+5 centièmes, il en résulte que la première limite se trouve entre les chiffres 6 et 7 exprimant des valeurs, et que, par conséquent, chaque fois que le nombre de centimes inscrit dans la colonne 11 augmenterait de 6 ou 7 centimes, suivant le cas, le droit principal s'accroîtrait aussi d'un centime. Le tableau qu'on formerait pour avoir les droits supplémentaires (comme à la page 15) devrait donc contenir toute la série des nombres jusqu'à 100, et comme la limite des quantités qui produisent tel ou tel droit ne serait pas bien définie, l'application de ce procédé deviendrait, dans ce cas, trop longue et trop pénible.

Il sera donc plus simple et plus rapide d'employer la méthode précédente qui est d'un usage excessivement facile, pour peu qu'on en ait l'habitude.

II. — Vérification de la Déduction de 3 p. 0[0

allouée sur le principal brut du droit.

(Colonne 15 à verifier par la colonne 14.)

1°

Une des méthodes qui se présentent le plus naturellement à l'esprit consiste à multiplier par 3 pour 100, article par article, les unités et les dizaines de centimes de la colonne 14, et à tenir note des fractions de centime qui proviennent de cette opération, en négligeant les centaines du produit (unités entières de centimes) qui pourraient en résulter; puis, à retrancher la somme de ces fractions partielles du produit effectué de la multiplication par 3 p. 0|0 du total de la même colonne.

(a) 50 centièmes,
11
88
64
97
61
62
89
03
57
95
54
67
25
59
73
14
40
44
14
——
10°67
——

En effet, comme pour avoir le montant de la déduction l'on ne doit jamais *forcer*, si l'on multiplie par 3 p. 0|0 le total de la colonne 14, le produit qu'on obtient dépasse le montant réel de la déduction précisément de la somme des centièmes de centime qui ont dû être négligés dans la multiplication partielle de chaque article par 3 pour cent. Or, comme cette somme dépasse presque toujours 100, il existe dès lors des unites entières de centimes, qui, dans le produit dont nous venons de parler, viennent se cumuler avec ceux de la déduction fiscale et en voiler le montant réel. Mais, si nous multiplions par 3 pour cent le total 3154 fr. 89, et que du produit 94 fr. 64, 67, nous retranchions la somme des fractions partielles (10 c. 67), calculée,

(b) 94,64,67
10,67
————
94,54,00

comme nous l'avons dit plus haut, sur les centimes de chaque article du droit brut (a), le reste, divisé par 100, sera nécessairement égal au montant de la déduction qui représente le total de la colonne 14, c'est-à-dire 94 fr. 54 c. — (b). .

Etat de Pro- | DUITS N° 55.

TOTAL des VALEURS.	MONTANT BRUT DU DROIT			DÉDUCTION du 3 p. 0/0 sur le montant du droit.	MONTANT NET DU DROIT A PERCEVOIR.			DÉVELOPPEMENT des QUANTITÉS DE BOISSONS vendues, par espèce, avec l'indication du prix de vente.
	à 15 p. 0/0 de la valeur.	à 34 fr. 00 c, par hect. d'alcool.	TOTAL. (Col. 12 et 13)		Principal.	Décime.	TOTAL.	
11	12	13	14	15	16	17	18	
fr. c.	fr. c.	fr. c.	fr. c.	fr. c.	fr. c.	fr. c.	fr. c.	
238, 75	35, 82	» 68	36, 50	1, 09	35, 41	3, 55	38, 96	
249, 08	37, 37	» »	37, 37	1, 12	36, 25	3, 63	39, 88	
99, 73	14, 96	» »	14, 96	» 44	14, 52	1, 46	15, 98	
972, 50	145, 88	» »	145, 88	4, 37	141, 51	14, 16	155, 67	
753, 25	112, 99	» »	112, 99	3, 38	109, 61	10, 97	120, 58	
946, 95	142, 05	24, 82	166, 87	5, 00	161, 87	16, 19	178, 06	
550, 22	82, 54	» »	82, 54	2, 47	80, 07	8, 01	88, 08	
1224, 16	183, 63	» »	183, 63	5, 50	178, 13	17, 82	195, 95	
247, 92	37, 19	92, 82	130, 01	3, 90	126, 11	12, 62	138, 73	
1287, 87	193, 19	» »	193, 19	5, 79	187, 40	18, 74	206, 14	
1368, 58	205, 29	120, 36	325, 65	9, 76	315, 89	31, 59	347, 48	
143, 29	21, 50	102, 68	124, 18	3, 72	120, 46	12, 05	132, 51	
952, 56	142, 89	» »	142, 89	4, 28	138, 61	13, 87	152, 48	
1071, 64	160, 75	» »	160, 75	4, 82	155, 93	15, 60	171, 53	
356, 82	53, 53	»	53, 53	1, 60	51, 93	5, 20	57, 13	
1979, 80	296, 97	81, 94	378, 91	11, 36	367, 55	36, 76	404, 31	
3229, 14	484, 38	» »	484, 38	14, 53	469, 85	46, 99	516, 84	
714, 00	107, 10	1, 70	108, 80	3, 26	105, 54	10, 56	116, 10	
1243, 01	186, 46	35, 02	221, 48	6, 64	214, 84	21, 49	236, 33	
335, 86	50, 38	» »	50, 38	1, 51	48, 87	4, 89	53, 76	
Totaux... 17965, 13	2694, 87	460, 02	3154, 89	94, 54	3060, 35	306, 15	3366, 50	

2°

Une autre manière consisterait à retrancher du total lui-même de la colonne 14 les quantités de centimes complémentaires qui ont dû former, par la multiplication, les fractions de centime à négliger dans chaque opération partielle. Or, comme le taux de la déduction est de 3 p. 0|0, ou de 1 pour 33 1|3, et de 2 par 66 2|3, on conçoit qu'il suffirait de prendre à chaque article l'excès du nombre de centimes inscrit dans la colonne 14 sur les nombres 00, 33 1|3, ou 66 2|3 (excès dont la multiplication a produit, seule, les fractions à négliger), et d'en retrancher la somme du total de la même colonne des droits bruts. En multipliant ensuite par 3 pour cent la différence ainsi obtenue, on trouverait exactement pour produit une somme égale à celle inscrite au total de la colonne 15.

16ᶜ 2	3
3, 2	
29, 1	
21, 1	
32, 1	
20, 1	
20, 2	
19, 2	
01, 0	
19, 0	
31, 2	
18, 0	
22, 1	
8, 1	
19, 2	
24, 1	
4, 2	
13, 1	
14, 2	
4, 2	
3ᶠ 55ᶜ 2	3

On pourrait, pour l'exemple donné page 46, disposer, comme à la marge, la récapitulation des quantités à soustraire.

CALCUL :

Total de la colonne 14. . . . .   3154^f89
A retrancher 3 55,66
____
Reste. 3151, 33, 34
Quotité de la déduction.   3
____
Montant de la déduction (col. 15). .   94,54,00,02

3°

Mais ces méhodes sont trop longues pour être employées; aussi allons-nous présenter la seule qui soit préférable à toutes, à cause de sa rapidité.

Remarquons d'abord que la déduction accordée étant de 3 centimes pour 1 fr. 00 c., la même allocation sera de 1 centime pour 33 centimes 1ɪ3 et de 2 centimes pour 66 c. 2ɪ3, et que pour les quantités de centimes en dehors de ces nombres le calcul de la déduction produira des fractions de centimes dont on n'aura pas à s'occuper puisqu'elles devront être négligées.

Or, si du total de la colonne 14 nous retranchons la somme effectuée des dizaines et des unités de centimes de chaque compte, soit par l'opération naturelle, soit par l'addition séparée des nombres qui expriment les francs, et si nous multiplions par 3 ce nombre de francs qui restent, nous obtiendrons un produit qui sera inférieur au montant de la déduction réelle, et qui en différera d'un certain nombre de centimes, très facile à trouver d'après ce que nous venons de dire; car, puisque nous connaissons les limites où s'arrêtent les nombres de la colonne 14 qui produisent 1ᶜ et 2ᵉ de déduction, limites qui sont placées entre 33 et 34 centimes pour la 1ʳᵉ déduction, et pour la seconde, entre 66 et 67 centimes, nous n'aurons plus, pour obtenir la valeur de cette différence, qu'à récapituler par addition, à chaque article de la colonne 14, les déductions *supplémentaires* afférentes aux nombres dont nous avions fait abstraction, en ne prenant rien toutes les fois que ce nombre de centimes est inférieur ou égal à 33; en prenant *1 centime*, lorsqu'il est compris entre 34 et 66 inclusivement, mais sans dépasser ce dernier nombre, et enfin, *2 centimes*, de 67 à 99. En ajoutant la somme de ces déductions supplémentaires au produit obtenu comme il a été dit plus haut, on devra retrouver rigoureusement un résultat égal au montant de la déduction, colonne 15.

Exemple, page 39.

Nombre de francs; reste (col. 14) . . .   3143ᶠ
Produit de la multiplication par 3 p. 0/0. 94,29ᶜ
Centimes additionnels.   25

TOTAL:—Montant de la déduction (col. 15)   94,54ᶜ

Qu'il nous soit maintenant permis de rappeler succinctement la marche à suivre pour vérifier, le plus rapidement possible, une page d'un état n° 55.

Les appels avec les portatifs élémentaires doivent comprendre nécessairement les quantités de boissons, ainsi que les divers prix auxquels elles ont été vendues. En général on y joint le montant des valeurs et le total des droits.

Ces appels étant terminés :

Additionner horizontalement, au cadre de développement des quantités vendues, les totaux des colonnes relatives aux vins; on doit retrouver pour résultat le total de la colonne 6.

Relativement aux cidres, poirés, etc., même opération qui doit conduire au total de la colonne 7.

Calculer, par les procédés indiqués dans la 2° partie, la valeur de chaque espèce de vins, suivant son prix de vente. Le total des résultats partiels doit égaler celui de la colonne 9.

Même opération pour les cidres, dont on compare le produit avec le total de la colonne 10.

La somme des deux totaux des colonnes 9 et 10 doit égaler le total de la colonne 11.

Repasser l'addition de la colonne 8.

Vérifier l'exactitude du total de la colonne 12, comme nous l'avons dit, page 46.

Calculer le total de la colonne 13, en multipliant celui de la colonne 8, suivant le mode indiqué dans la multiplication par 34.

Les tableaux des col. 12 et 13 doivent donner en somme celui de la col. 14.

Vérifier le total de la col. 15, par la col. 14, au moyen de la 3ᵉ méthode, page 59.

Additionner horizontalement les totaux des col. 15 et 16, ce qui doit reproduire celui de la col. 14.

Vérifier le décime suivant l'une des méthodes pages 18 à 20. Enfin, refaire les additions horizontale et perpendiculaire qui constatent l'exactitude du total de la col. 18.

§ V. — Vérification du 26 C, navigation (Col. 29.)

Si l'on observe que la quotité du droit fixé pour chaque classe d'objets : 3 c. 5 centièmes, et 1 c. 5 centièmes par tonneau, ne peut fournir de fractions au produit que par suite de la combinaison des 5 dixièmes de la taxe multipliés par les chiffres d'unités de quantités, on verra que ce cas rentre dans celui que nous avons exposé, page 25, 1ʳᵉ méthode, lorsque la quotité du droit est de 50 c. par hectolitre.

Pour obtenir le montant du droit principal (col. 29), il suffira donc de multiplier les totaux des col. 7, 11, 15, 19, 23, 27, respectivement chacun par la taxe à laquelle il doit être soumis, et d'ajouter à la somme de ces produits partiels autant de fois 5 dixièmes ou 50 centièmes de centime, qu'il y a de chiffres impairs aux unités de tonneaux, dans les colonnes déjà mentionnées, 7, 11, 15, 19, etc.

———

Les vérifications que nous venons de présenter sont suffisantes pour qu'on puisse, par analogie, trouver des méthodes applicables à tous les cas possibles. La plupart de ces cas rentreraient, d'ailleurs, dans des exemples déjà donnés, et comme la méthode est toujours analogue : vérifier la colonne du droit par l'application de la taxe à celle des quantités, on pourra facilement suppléer à ce qui, dès lors, serait devenu inutile.

Ainsi, l'état n° 59, des produits des bières, l'état n° 61, des voitures publiques, peuvent être vérifiés comme nous l'avons dit, et rentrent directement dans des cas prévus, puisque les taxes y appliquées, 0 fr. 60 c., et 2 fr. 40 c. par hectolitre, 10 p. 0|0 du produit brut, sont égales à celles traitées pages 13 et 16; 36, 1ʳᵉ méth.; 18 et 20.

Vérification d'une recette buraliste.

Pour la vérification des registres dans les bureaux de perception, tels que les n° 1ᵉʳ, n° 10, etc., on peut encore annoter à chaque page, auprès du total et du report, la somme des fractions de centimes dont on a forcé, par suite de l'application des taxes à chaque article, en sorte qu'il est facile, à l'époque des arrêtés

de fin de mois, d'effectuer régulièrement et complètement par la 1re méthode les calculs de vérification.

———

Remarquons, en terminant cette première partie, que la vérification des états de produits ou registres récapitulatifs s'appuyant, pour ainsi dire, sur chaque article, on peut considérer comme rigoureuse l'exactitude de chaque droit particulier, de chaque décompte établi aux portatifs élémentaires.

SECONDE PARTIE.

DU CALCUL.

Si la rapidité du calcul s'acquiert par la pratique, on doit attendre des résultats bien plus avantageux de l'emploi raisonné, compris, bien appliqué, des divers modes d'abréviation que peut nous fournir l'examen de la théorie des nombres.

Sans doute, on peut arriver à multiplier, à diviser avec une très grande célérité; mais, quelle que soit cette aptitude, l'opération est plus longue, le calcul plus pénible, l'erreur plus facile que si l'on emploie les moyens d'abréviation dont chaque jour nous pouvons nous-même constater toute l'utilité.

Notre système consiste à comparer le multiplicateur donné avec un multiplicateur facile pris comme auxiliaire, et à faire subir certaines modifications aux résultats obtenus à l'aide de ce dernier, de manière à ramener tous les calculs aux opérations les plus simples, les plus élémentaires, qui exigent le moins de chiffres ou le moins d'application d'esprit, afin qu'on ne puisse laisser échapper aucune erreur, même involontaire.

Pour reconnaître toute la supériorité de nos procédés, qu'on se familiarise avec la division par les chiffres les plus faibles, 2, 3, 4, comme on l'est avec l'addition et la soustraction, comme on doit l'être avec la numération décimale, et, dès lors, il sera impossible de ne pas arriver immédiatement à la solution désirée.

La facilité d'application qui les caractérise permet, avec un peu de cette habitude que nous réclamons, de n'écrire aucun chiffre dans la plupart des opérations.

Nous allons examiner successivement les divers cas de calculs qui peuvent rendre la IIe partie de notre ouvrage applicable à toutes les opérations possibles.

Nos méthodes, ainsi que nos remarques sur les particularités de chaque nombre, sont rigoureusement exactes, nous l'affirmons; nous souhaitons que nos démonstrations soient trouvées suffisamment bien exposées. Quoique nous y ayons apporté tous nos soins, si elles laissent à désirer, nous demandons à nos collaborateurs de vouloir bien considérer que nous n'avons eu que peu de temps à y employer, la nature de nos fonctions nous faisant un devoir de consacrer presque tous nos instants au service de l'administration.

§ I. — Multiplication d'une quantité quelconque par 5, 50, 500, et, en général, par le chiffre 5, suivi ou précédé d'un nombre quelconque de zéros.

———

Règle. — *Prendre la moitié des quantités, et faire exprimer au résultat, par la virgule décimale, des unités de l'ordre voulu par la nature du multiplicateur.*

Démonstration. — Supposons un nombre quelconque : 434, par exemple, à multiplier par 50, je suppose.

Remarquons que si nous devions multiplier ce nombre par 100, le produit serait 43400 ; mais nous avons à le multiplier par 50, c'est-à-dire par un facteur de moitié plus petit que 100 ; donc le produit sera la moitié de 43400, $=$ 21700 ; et, de plus, il exprimera des unités de l'ordre spécifié par la quotité de la taxe, ce à quoi l'on doit apporter la plus grande attention pour éviter les erreurs.

Si c'est un droit qu'on cherche, et que la division par 2 ne se fasse pas exactement, de manière à ce que les chiffres à séparer sur la droite du quotient, par la virgule décimale, expriment une fraction de centime, on devra toujours forcer le chiffre qui représente les unités de centimes.

Exemple : 4 hect. 34, à multiplier par une taxe de » fr. 50 c. l'hect.

Quantités	$4^h,34^l$	$4^h,45^l$
. . . .	. . . .
Moitié	2, 17	2, 22,5
Droit en principal . .	$2^f 17^c$	$2^f 23^c$

NOTA. — On n'a donné ici l'explication de cette méthode et de la suivante, connues de tout le monde, que pour préparer aux raisonnements subséquents et faire sentir l'analogie qui existe entre eux.

§ II. — Multiplication d'une quantité par 25, suivi ou précédé d'un nombre quelconque de zéros.

Règle. — *Prendre le quart des quantités, et faire exprimer au résultat, par la virgule décimale, des unités de l'ordre voulu par la nature du multiplicateur.*

Démonstration. — Par un raisonnement tout à fait analogue à celui qui précède, nous ferions voir que, le multiplicateur 25 étant le quart d'un multiplicateur facile et naturel : 100, le produit doit être égal au quart des quantités données multipliées par 100. Ce quart exprimera toujours, dans ce cas, des unités de même ordre que le nombre 25.

Si le multiplicateur est suivi ou précédé d'un ou plusieurs zéros, il sera urgent, pour éviter toute erreur, d'apporter la plus grande attention dans l'application des règles de la numération décimale, relativement à la position de la virgule.

S'il s'agit d'un droit, il faudra toujours forcer, dans le cas de fraction.

———

Ce mode d'opérer peut recevoir une foule d'applications, dont deux ou trois suffiront pour faire concevoir jusqu'où elle peut s'étendre.

1°—Dans la vérification de l'état n° 67, où l'on a à multiplier les quantités de poudres, de scaferlati, et de gros rôles, par 7 fr. 25 c. le kilogramme.

Après avoir multiplié les quantités par 7 fr., ce qui donne un produit de francs, on écrit deux zéros à la droite de ces mêmes quantités, et l'on en prend le quart, qui représente un nombre de centimes, et qu'on ajoute au produit déjà obtenu; la somme est le résultat cherché.

Exemple :

Soient les quantités.	38654^k
A multiplier par.	7^f 25^c
Produit de la multiplication par 7 . . .	270578
Quart des quantités multipliées par 100.	9663,50
Total.	280241^f 50^c

Il est indispensable de remarquer le rang que doit occuper chaque chiffre du quart des quantités par rapport au produit de leur multiplication par 7, suivant que le premier chiffre à gauche de ces quantités est inférieur ou au moins égal à 4. — Dans tous les cas, chaque chiffre provenant de la division par 4 des unités de quantités d'un certain ordre doit être placé sous celui qui, dans le premier produit, provient de la multiplication par 7 des mêmes unités de quantités.

2° — Même application pour la vérification des valeurs de poudre de mine (État n° 67 B); quantités à multiplier par un prix de 2 fr. 25 c. le kilogramme.

3° — Pour le calcul des remises sur les états n° 34, lorsque le taux est de 12 cent. 5 par timbre.

On agit d'une manière analogue. Sous le nombre de timbres lui-même, on en écrit le quart et l'on additionne, en ayant soin de séparer sur la droite du résultat le nombre de chiffres nécessaire, en raison de la fraction de centime : 5, qui se trouve dans la quotité de la remise et des zéros qui sont censés avoir été écrits à la droite du nombre de timbres pour que la division par 4 ait pu être poussée jusqu'au bout.

En résumé, l'on doit toujours *prendre dans le total un rang à droite de plus que celui occupé par le dernier chiffre des quantités, et négliger la fraction décimale qui pourrait encore subsister.*

Exemples :

Nombre de timbres . .	490	480	45	347
Quart	1225	12	1125	867,5
Montant des remises. .	61ᶠ25ᶜ	60ᶠ00ᶜ	5ᶠ62ᶜ	43ᶠ37ᶜ

§ III. — Multiplication d'un nombre par 15 pour cent.

Remarquons avant tout que, pour multiplier un nombre par 15 p. 0ǀ0, on peut le multiplier d'abord par 10, puis par 5, et effectuer ensuite la division par 100 au moyen de la virgule décimale, placée au rang convenable dans le total de ces deux produits particls.

Or, pour multiplier ce nombre par 10, il suffit d'écrire un zéro à sa droite, et pour le multiplier par 5, facteur égal à la moitié de 10, on peut le multiplier par 10 et prendre la moitié; la somme de ces deux résultats particls divisée par 100 donnerait la solution cherchée.

Mais, comme nous avons déjà le produit du nombre donné par 10, — puisqu'il suffit pour l'obtenir d'écrire un zéro à sa droite, — nous n'aurons qu'à opérer directement sur les quantités, en plaçant leur moitié au-dessous d'elles-mêmes de manière à faire corres-

— 74 —

pondre les unités de même ordre, et en effectuant la somme de ces deux produits partiels.

Pour obtenir le droit cherché, il ne restera plus qu'à *séparer sur la droite de ce total* UN *chiffre quand celui des unités de quantités est pair, et* DEUX *quand il est impair*, en ayant soin de forcer d'un centime l'expression entière, si les chiffres à séparer par la virgule décimale ne sont pas des zéros.

Exemples :

(a) Quantités données..	14f20c	18f30c	42f48c	334f85c
Moitié.	71	915	2124	167425
Total	2,13,0	2,74,5	6f37,2	50f22,75
Droit	2f13c	2f75c	6f38c	50f23c

L'administration a signalé l'application de ce principe dans sa circulaire du 3 avril 1852, n° 25, page 6; mais un assez grand nombre d'employés ont paru croire qu'on doit, *sans restriction*, forcer en prenant le dixième et négliger en prenant la moitié.

Telle n'est pas, selon nous, l'idée de l'administration; elle n'a pas voulu tracer une marche invariable pour tous les cas; elle a seulement indiqué ce mode de calcul, et pour en faire concevoir la marche rapide, elle a donné un exemple, qu'elle a choisi le plus simple, le plus facile à saisir.

Que si l'on ne veut s'attacher qu'à la lettre de cette

instruction, sans se pénétrer de son esprit, si l'on veut suivre invariablement cette méthode, et surtout ne forcer qu'en premier lieu, la route qu'on prendra sera complètement fausse; on se verra tomber dans de graves erreurs, et pour les démontrer il nous suffira de quelques exemples.

1° Supposons d'abord une somme, 42 fr. 48 c. par exemple, dont on veuille prendre le 15 pour cent.

En opérant avec la méthode de forcement invariable, on aurait :

(b) Dixième. . . . . 4^f 25^c
       Moitié. 2, 12
       Total du droit . . . . 6^f 37^c

Mais en suivant la véritable méthode, c'est-à-dire, en tenant note des décimales, comme dans l'exemple (a), l'on aura le calcul suivant :

(c) Quantités . . . . 4 2^{f}4 8^c
     Moitié. 21 24
     Total (divisé par 10 ou par 100, suivant le cas). 6^{f}3 7^{c}2
     Droit réel. 6^{f}3 8^c

D'où l'on voit que par le calcul (b) on a commis une erreur, *en moins*, *d'un centime*.

On en trouve immédiatement la cause, en ce que le chiffre 8 et sa moitié, qui représentent les décimales, forment un total plus grand que 10 dixièmes, et conséquemment font (avec le forcement nécessaire) augmenter le résultat de *deux centimes* de plus que si ce chiffre n'existait pas, tandis que dans le calcul (*b*) on n'a forcé, pour ce même chiffre, que *d'un seul centime.*

Cette erreur *en moins* ne se présente que lorsque les centimes des valeurs sont exprimés par les chiffres 7, 8 ou 9, et qu'ils sont précédés d'un *chiffre pair* de dizaines. Dans les autres cas elle n'a pas lieu.

D'abord, si le chiffre des unités est inférieur à 7, parce que la somme de ce chiffre et de sa moitié ne peut former une fraction égale à 10 dixièmes ou 100 centièmes, et, par conséquent, n'exige un forcement que *d'un centime;*

En second lieu, si, malgré les chiffres 7, 8 et 9 aux unités, celui des dizaines est impair, parce qu'en prenant d'abord le dixième on est obligé de forcer ce qui rend pair le chiffre des dizaines, et comme il devient possible dès lors de prendre exactement la moitié de ce premier résultat, la fraction dont on a forcé la première fois n'est pas négligée dans la seconde opération, d'où il résulte que le droit acquis est le véritable.

2ᵉ Cas. — Supposons maintenant une autre quantité telle que 12 fr. 53 c.

En opérant comme précédemment, calcul (*b*), on obtiendrait :

(b_1) Dixième 1ᶠ 26

Moitié . . . . » 63

Total ou droit. 1, 89ᶜ

Mais en effectuant complètement le calcul, avec annotation de décimales, on trouvera le résultat suivant :

(c_1) Quantités (valeurs) 1 2ᶠ5 3ᶜ

Moitié. 6 2 6 5

Total divisé par 100. . . . . . 1,8 7,9 5

Droit 1ᶠ8 8ᶜ

D'où l'on voit que par le calcul (b_1) l'on a commis, dans ce cas, une erreur, *en plus*, *d'un* centime.

On peut observer ici que, comme au premier cas, cette erreur provient du forcement primitif dans le calcul (b_1). En effet, lorsqu'on a pris le dixième, 1 fr. 26 c., on y a fait entrer, par suite du forcement, non-seulement la fraction restante en totalité (3 dixièmes ou 30 centièmes de centime), mais encore, en sus du dixième véritable, la fraction complémentaire : 70 centièmes; — ensuite, par ce même forcement, le chiffre des dizaines de quantités, qui était impair, étant devenu pair, il a été possible de prendre exactement la moitié du dixième, sans avoir rien à négliger. Or, par cette opération, se trouvent introduites dans le montant du droit non-seulement la moitié de la fraction primitive, mais encore celle des 70 centièmes qui existaient en trop dans le dixième forcé, et comme cette dernière moitié (35 centièmes), ajoutée à la fraction complémentaire elle-même, forme un total (105 centièmes) qui dépasse 100 centièmes ou l'unité de centimes, il en résulte que, dans le total 1 fr. 89 c., sont venues se cumuler non-seulement la fraction réelle augmentée de sa moitié $= 95$ centièmes de centimes (voir le calcul c_1), mais encore la fraction complémentaire et sa moitié, quantité qui égale 105 centièmes; et comme ces deux expressions fractionnaires valent en somme *deux centimes* complets, il devient évident que le total 1 fr. 89 c. se trouve forcé de 2 *centimes*, pour une fraction qui, n'excédant pas 100 centièmes (voir calcul c_1), n'aurait dû motiver qu'*un centime* de forcement. On a donc commis, dans ce cas, une erreur en trop d'un centime.

Cette erreur en plus ne se manifeste que lorsque les centimes des valeurs sont exprimés par les chiffres 1, 2 ou 3, et qu'ils sont précédés d'un chiffre *impair* de dizaines. Dans les autres cas, elle n'a pas lieu :

D'abord, si, le chiffre des dizaines étant impair, celui des unités est un zéro, parce qu'en prenant le dixième on n'a pas à forcer, ce qui ramène au cas commun;

En second lieu, si le chiffre des unités est supérieur à 3, parce que la somme de ce chiffre et de sa moitié forme une fraction supérieure à 10 dixièmes ou 100 centièmes, et qu'elle exige dès lors, pour le droit fiscal, un forcement de 2 centimes, ce qui conduit le résultat réel à une valeur égale au produit du calcul (b_1);

Enfin, si, malgré les chiffres 1, 2 et 3, aux unités, celui des dizaines est pair, parce qu'en prenant le dixième le forcement qu'on est obligé d'effectuer rend impair ce chiffre des dizaines, et comme on ne peut plus dès lors prendre exactement la moitié de ce premier résultat, on est conduit à négliger dans la seconde opération une partie de la fraction dont on avait forcé d'abord, ce qui ramène, par compensation, le droit *obtenu* à sa valeur véritable.

On voit donc que pour trois chiffres seulement d'unités de centimes : 4, 5 et 6, le calcul (b) ne présenterait pas de difficultés; pour les autres, il y aurait des distinctions, des modifications qui deviendraient minutieuses, empêcheraient la marche d'une méthode unique et générale, et ne feraient qu'allonger le travail au lieu de le simplifier.

Aussi, l'administration ne désapprouverait pas, sans doute, un employé qui, entrant dans l'esprit de ses instructions et comprenant le but de l'exemple donné dans sa circulaire, tiendrait compte des chiffres décimaux, c'est-à-dire opérerait sur les quantités entières, sauf à séparer *un* ou *deux* chiffres, suivant le cas, sur la droite du résultat final. (Voir les exemples *a*, page 74).

La marche du calcul, d'ailleurs, n'est qu'intervertie.

Peut-être serait-il, dès lors, avantageux d'établir ainsi qu'il suit le décompte au portatif n° 53 A :

Vins. . . 342^{f}25	Total. . 3856,2			
Cidres. . 43, 37	1|2 . . 1928,1	5784,3 (α)	57^{c}85	

3^h 45^l d'alcool, à 34 francs 117, 30

Total. 175, 15

Déduction de 3 p. 0\|0 . . 5, 25

Principal. 169, 90

Décime. 16, 99

Total. . . . . 186, 89^c

On remarquera que dans le cas où la moitié du *total des valeurs* peut être prise exactement, c'est-à-dire lorsque le dernier chiffre à droite est pair, on ne doit séparer dans le *total* (α) qu'*un seul* chiffre décimal.

Si, au contraire, le dernier chiffre du total des valeurs était impair, comme la moitié ne pourrait être prise exactement et qu'elle produirait une décimale de plus, il faudrait, pour ramener le résultat à sa juste valeur, séparer *deux chiffres* au lieu d'un sur la droite du total (α).

Vins. . . 545, 37 { Total. . 7737,7 } 11606,55 | 116ᶠ07
Cidres. . 228, 40 } 1|2 . . 3868,85 } (α)

Bien que la méthode indiquée page 73 soit la seule applicable, il en existe d'autres dont nous allons signaler succinctement les principales, parce qu'on peut, dans certains cas, leur donner une application avantageuse.

2ᵉ Méthode.

Pour avoir le montant du droit à 15 p. 0|0 sur une quantité quelconque, on pourrait bien multiplier les quantités données par 30 pour 100 ou par 3 seulement et prendre la moitié du résultat, en ayant soin de séparer sur la droite un ou deux chiffres décimaux, suivant le cas.

Il est facile de concevoir que, puisque le taux par lequel on multiplie d'abord est le double de celui donné, le droit cherché doit être la moitié du premier produit. Ce mode de calcul peut avoir l'avantage de prévenir les erreurs causées par les fractions et les forcements.

3e Méthode.

Par des considérations analogues aux précédentes, on verrait que, pour arriver au même résultat, il suffit de doubler les valeurs données, et de retrancher du produit obtenu le quart de ce même produit (ou la moitié des quantités) pris sans forcer, ou en poussant jusqu'au bout la division par 2. Le reste, ramené par la virgule au nombre de chiffres nécessaire, exprimerait après forcement le montant réel du droit cherché.

Exemples :

Quantités données	773 77ᶜ
Double de ces quantités	154754
Quart à soustraire	386885
Reste	116 06,55
Droit	116 07ᶜ

§ IV. — Multiplication d'une quantité quelconque d'alcool par 34 fr. 00 pour 100.

Pour obtenir le droit principal sur une quantité frappée d'une taxe de 34 fr. 00 par hect., prenons un exemple (4 h. 63 l.), et observons d'abord que, si la quotité du droit était de 100 fr. 00 par hect., le principal serait égal en francs au nombre de litres, et en centimes à ce même nombre de litres multiplié par 100 = 463 fr. 00 c.; mais la taxe étant de 34 fr. 00 c., au lieu de 100 fr. 00 c. par hectolitre, cherchons quel rapport peut exister entre ces deux nombres.

Or, si 34 était exactement le tiers de 100, pour multiplier par 34, nous n'aurions qu'à multiplier par 100 et à prendre le tiers du produit; mais 34 excède le véritable tiers de 100 (33,3333....) de 2|3 d'unité = (0 , 6666.....), et 34 fr. 00 excède le tiers de 100 fr. 00 (33 fr. 3333.....) de 2|3 de fr. = (0 fr. 6666.....); par conséquent, pour multiplier une quantité de litres par 34 fr. 00 pour un hect., nous pourrons la multiplier d'abord par 33 fr. 3333..... pour 100, puis par 0 fr. 6666..... pour 100.

Mais nous avons vu que, pour effectuer la première opération, il suffit de multiplier les quantités données par 100 et de prendre le tiers du résultat; et pour la seconde, on peut remarquer que le produit qu'on obtient doit être et se trouve précisément égal au double du tiers qu'on vient de calculer, *divisé par 100*, ou, plus simplement, égal, *en centimes*, au double de ses centaines, sauf modification à apporter, dans certains cas, au dernier chiffre, à cause de la fraction négligée.

Donc, le montant total du droit principal d'une quantité quelconque, de 4 h. 63 l. par exemple, sera rigoureusement composé du tiers de 463 fr. 00 (considérés comme provenant de la multiplication des quantités par une taxe de 100 fr. 00 l'hectolitre) ci 154ᶠ 33ᶜ

Plus du double de ce tiers divisé par 100, ou du double des centaines. . . .   3 08

Plus, pour forcement dans le cas actuel, à cause des fractions négligées dans les calculs qui ne se font pas exactement. (Voir ci-dessous l'analyse du calcul). .   » 01

Total du droit. . . . 157ᶠ 42ᶜ

Mais comme chaque fois que la division par 3 ne se fait pas exactement il y a, tant sur le tiers lui-même que sur son double, une ou plusieurs portions de fractions périodiques négligées (α), dont la somme est égale à 1 centime,

α) Quantités multipliées par 100. . .   463,00

Tiers . . . . , ... 154,333333...

Double du tiers divisé par 100. .   3,086666...

Total. . . . . . 157ᶠ419999...

On doit immédiatement, en prenant le tiers, forcer le dernier chiffre à droite, quand la division doit produire un reste. L'équilibre se trouve ainsi, *pour ce cas*, ramené dans le résultat.

Le calcul pourra donc être établi comme ci-dessous :

Quantités multipliées par 100 . . . .   463f 00

Tiers 154f 34c

(A) Double de ce tiers divisé par 100, ou double
    des centaines 3, 08

Montant du droit 157f 42c

Remarque. — Ici se présente une modification de calcul très importante et qui nécessite une correction.

En prenant le tiers d'une quantité quelconque, on ne peut avoir pour reste que les chiffres 0, 1 ou 2. Or, lorsque la division se fait exactement, il n'y a point de fractions, partant, point de forcements; — Nous venons de voir que lorsque le reste est 1, le forcement opéré en prenant le tiers balance l'unité qu'on aurait négligée; — mais lorsque le reste est 2, on voit parfaitement, dans l'exemple (β), que le nombre 6 qui forme la fraction périodique des centimes du tiers, devant être répété 3 fois dans le montant du droit par l'addition de ce tiers et de son double divisé par 100, la somme de ces trois fractions produit deux

(β) Quantités multipliées par 100 . . . . .   518f 00

Tiers . . . .   172f 66c 6666 . . .

Double des francs divisé par 100. . .   3, 44

Double des centimes et de la fraction,
    divisé par 100 . . . .   1, 333 . . . .

          Total . . . .   176f 11c 999 . . . .

          Droit 176f 12c

unités de l'ordre immédiatement supérieur, c'est-à-dire, 2 *centimes*, et comme on n'a forcé que *d'un seul centime*, en prenant le tiers, le produit qu'on obtiendrait, dans ce cas, par le calcul (*A*), serait encore trop faible d'un centime.

Si l'on disposait le calcul comme ci-dessus (*β*), l'erreur se trouverait régularisée, pourvu qu'on ait forcé en prenant le tiers, parce que le double de la fraction périodique (des centimes du tiers) rejette une unité complète dans la partie entière du droit principal; mais pour abréger l'opération, et tenir compte du second centime en plus, on n'a qu'à forcer, *en prenant le double des centaines du tiers, quand les centimes de ce tiers sont exprimés par le nombre 67.*

Déduisons donc une règle générale des raisonnements que nous venons d'exposer.

Règle. — Pour calculer le droit en principal sur une quantité de boissons affectée du droit de 34 fr. 00 par hectol., il faut :

Multiplier par 100 fr. 00 les quantités données, en prendre le tiers, en forçant le dernier chiffre à droite, lorsque la division ne se fait pas exactement; puis, au quotient ainsi obtenu ajouter un nombre de centimes égal au double de ses centaines (ou francs), en ayant soin de ne pas forcer si les centimes du tiers sont représentés par les expressions 00ᶜ, ou 34ᶜ, et de forcer d'1, lorsque les unités de même ordre sont égales au nombre 67. La somme de ces deux produits partiels sera le montant du droit cherché.

Exemples :

Quantités multipliées par 100.	423ᶠ 00	3427ᶠ 00	518ᶠ 00
Tiers.	141ᶠ 00ᶜ	1142ᶠ 34	172ᶠ 67ᶜ
Double des francs du tiers, divisé par 100 (avec ou sans forcement).	2,82	22,84	3,45
Montant des droits	143ᶠ 82ᶜ	1165ᶠ 18	176ᶠ 12ᶜ

A l'aide de la règle ci-dessus, on peut de même calculer le produit de la multiplication d'une quantité quelconque par le nombre 34 suivi ou précédé d'un ou plusieurs zéros. On doit seulement faire, pour les fractions, une application attentive de la numération décimale.

§ V. — Multiplication par une taxe de 0 fr. 90 c. par hectolitre.

Règle. — *Du nombre total qui représente les quantités, retrancher son dixième, pris sans forcer (ou le nombre de ses dizaines), et l'on a pour reste le droit exact à « 90 c. l'hect.*

Démonstration. — Prenons un exemple, et soit 279 h. 77 l. un nombre donné.

Si le taux de la taxe était de 1 fr. 00 c. par hect., le droit total serait exactement égal au montant des quantités, 279 fr. 77 c.; mais comme cette quotité est de » 90 c., c'est-à-dire moins forte de 10 c. par hect., ou de 01 c. par dizaine de litres, la somme 279 fr. 77 c. excède le droit véritable, du produit des quantités par cette différence, 10 c. pour cent, produit égal à leur dixième : 27 fr. 97 c. 7, ou simplement 27 fr. 97 c. sans forcer, comme on le verra plus bas. Il suffira donc de retrancher 27 fr. 97 c. de 279 fr. 77 c., et le reste (251 fr. 80 c.), ramené ainsi à sa juste valeur, exprimera rigoureusement le montant du droit véritable.

Les fractions n'ont aucune influence sur ce mode d'opération, et l'on doit toujours avoir soin de ne pas forcer, en prenant le décime des quantités à soustraire; car c'est seulement sur le chiffre des unités de quantités que les forcements pourraient avoir lieu, et, la quotité de la taxe du produit à soustraire étant de 1 dixième de centime pour 1 litre, la somme des forcements qu'on aurait à opérer, pour obtenir le droit général sur chaque chiffre des unités, ne pourrait jamais dépasser 10 dixièmes ou 1 centime (voir page 19 ou 40.) Comme, d'ailleurs, ces forcements doivent exister dans le montant du principal, il ne faut jamais forcer en prenant le décime, afin qu'ils puissent subsister dans le résultat de la soustraction.

Du reste, on conçoit encore que, le total des droits pour chaque chiffre d'unités de litres étant égal, forcement compris, à ce chiffre lui-même (voir page 21 et 40), on peut raisonner en faisant d'abord abstraction des unités de litres, et, après avoir opéré sur les dizaines isolées, en ajoutant au résultat un nombre de centimes égal au chiffre qu'on avait négligé.

Exemples :

Quantités.	279^{h}77^l	18^{h}54^l
Dizaines à soustraire . . .	27 97	1 85
Reste. — Droit principal. .	251^{f}80^c	16^{f}69^c

NOTA. — Il est même inutile d'écrire le nombre à soustraire. On peut directement retrancher chaque chiffre des quantités de celui qui vient immédiatement à sa droite.

§ VI. — Multiplication par une taxe de 0 fr. 80 c. par hectolitre.

Règle. — Du nombre qui exprime les quantités, retrancher le double de celui de ses dizaines, pris sans forcer, lorsque, dans les quantités, le chiffre des unités de litres est moindre que 5, et en forçant d'UN centime, lorsqu'il lui est égal ou supérieur.

Démonstration. — Par un raisonnement analogue à celui que nous avons fait pour » 90 c., nous verrions que la quotité du droit étant de 2 *centimes, pour 10 litres,* moins fort que s'il était à 1 fr. 00 c. par hectolitre, les quantités totales (censées provenir de la multiplication par une taxe de 1 fr. 00 c. par hect.) dépassent le droit véritable d'autant de fois 2 centimes qu'il y a de dizaines dans le nombre qui exprime ces quantités, et que, pour avoir le principal exact, il faut retrancher de ce nombre un nombre de centimes double de celui de ses dizaines.

Mais ici se présente la correction habituelle de calcul. En effet, la différence des deux droits (» 80 c. et 1 fr. 00 c.) étant de » 20 cent. par hect., ou de 2 dixièmes de centime par litre, si, lorsqu'on prend le double des dizaines à soustraire, on néglige la somme de ces dixièmes provenant du même calcul sur le chiffre des unités de litres, il n'y a pas d'erreur dans le résultat (d'après des considérations analogues à celles que nous avons données page 88), chaque fois que ce chiffre d'unités est inférieur à 5; mais comme, dès qu'il atteint 5 ou qu'il lui est supérieur, la somme de ces fractions à soustraire arrive à former un centime, qui aurait dû passer dans le double des dizaines, ce double, tel qu'il est, se trouve trop faible, et par conséquent le reste de la soustraction trop fort d'un centime. C'est donc pour abréger l'opération et n'avoir pas à écrire les décimales que nous disons de ne pas forcer en prenant le double des dizaines, quand le chiffre des unités de litres est inférieur à 5, mais de forcer d'*un* lorsqu'il lui est égal ou supérieur.

Exemples :

Quantités.	20ʰ43ˡ	322ʰ46ˡ
Double des dizaines (avec ou		
sans forcement suivant le cas)	4 08	64 49
Reste. — Droit principal . .	16ᶠ35ᶜ	257ᶠ97ᶜ

Voici le développement d'un exemple qui fera comprendre les phases du forcement dans le second cas.

Quantités	322ʰ46ˡ
	. . . .
Double des dizaines (divisé par 10).	64 48
Double du chiffre des unités de litres (divisé par 10).	1, 2
Total des quantités à soustraire.	64, 49, 2
Reste. — Droit principal	257ᶠ97ᶜ

En considérant cet exemple sous un autre point de vue, on peut remarquer encore que toutes les fois que la quotité de la taxe est de nature à rendre le principal d'un nombre d'unités de litres (forcement compris) égal ce nombre lui-même, il n'y a aucune erreur à rectifier dans le calcul; mais comme cette situation, qui se présente ici tant que le chiffre des

unités de litres n'atteint pas le nombre 5, n'existe
plus dès que le même chiffre lui est égal ou supérieur
(voir le tableau, page 23), et que le droit devient d'un
centime plus faible que la valeur significative de ce
chiffre lui-même, il en résulte qu'en opérant sur les
quantités totales, si l'on n'en retranche que le double exact de leurs dizaines, le droit principal qu'on
obtient pour reste est *d'un centime* plus fort que le
droit réel. Pour prévenir cette erreur, il suffira comme
nous l'avons dit, de forcer *d'un* le double des dizaines
à soustraire, dans le cas énoncé ci-dessus.

§ VII. — Multiplication pour une taxe de 0ᶠ 75ᶜ par hect.

Règle. — *Du nombre qui exprime les quantités, retrancher le quart de ce même nombre, pris sans forcer
le dernier chiffre, lorsque la division ne se fait pas
exactement. Le reste représente sans erreur le montant
du droit cherché.*

Démonstration. — Par un raisonnement analogue
à ceux que nous avons exposés dans les § § précédents, nous ferions voir que si la taxe était de 1 fr.
00, par hect., le droit principal serait égal au nombre
qui exprime les quantités, mais que cette taxe (» 75 c.),
représentant exactement les 3/4 de 1 fr. 00, diffère

précisément de cette dernière quotité, du quart complémentaire; par conséquent, le montant du droit principal doit différer du nombre qui exprime les quantités du quart de ce même nombre.

Exemples :

Quantités données.	43ʰ 76ˡ	32ʰ 63ˡ
Quart à soustraire (sans forcer).	10 94	8, 15
Reste. — Droit principal . . .	32ᶠ 82ᶜ	24ᶠ 48ᶜ

Quant aux fractions, elles n'influent en rien sur le calcul, et, sans restriction, le reste qu'on obtient est le droit réel, pourvu qu'on ait soin de ne pas forcer en prenant le quart des quantités. Cela vient comme on peut le voir par la comparaison des tableaux, pages 34 et 43, de ce que la taxe supposée du quart à soustraire (» 25 c.) étant complémentaire de celle de » 75 c. par laquelle on veut multiplier, les nombres qui expriment les fractions dans chacun des deux cas sont aussi complémentaires l'un de l'autre, et forment en somme une unité de centime. La fraction du quart des quantités ne pouvant donc être égale ou supérieure à 100, et celle du reste devant toujours motiver un forcement de *1 centime*, il devient clair qu'on ne doit pas forcer en prenant le quart, afin que l'unité de centime qu'on aurait fractionnée puisse subsister tout entière dans le reste, qui représente le droit principal cherché.

Voici, dans ce cas, le développement du calcul :

Quantités.	32ʰ 63ˡ
Quart à soustraire.	8, 15, 75
Reste.	24ᶠ 47ᶜ 25
Droit.	24ᶠ 48ᶜ

§ VIII.—Multiplication par une taxe de 0 fr. 65 c. par hectolitre.

—

Règle. — Prendre le tiers des quantités données, sans forcer le dernier chiffre, lorsque la division ne se fait pas exactement.

Ajouter à ce tiers un nombre de centimes égal à la somme effectuée, divisée par 100, des quantités données augmentées de deux fois leur tiers, en ayant soin de forcer le chiffre qui doit exprimer des centimes au produit, dans les deux cas suivants :

1° Quand la division par 3 ne se faisant pas exactement, le reste est 1, et que, dans le calcul (A), le nombre de centièmes qu'on doit négliger est supérieur à 66;

2° Lorsque le reste de la division est 2, et que, par

le même calcul (A), on devrait négliger un nombre de centièmes de centime supérieur à 35;

Enfin, retrancher le total de ces deux opérations partielles des quantités données, et le reste est, sans erreur, le montant du droit principal cherché.

Démonstration. — Pour concevoir ce mode de calcul, simple et rapide quand on en a l'habitude, transformons la nature des unités du nombre donné, et considérons ce nombre comme un droit provenant de sa multiplication par une taxe de 1 fr. 00 c. par hectolitre. Ce droit est évidemment plus fort que le droit réel; mais par un raisonnement analogue à quelques-uns de ceux qui précèdent, nous pourrions voir que si la quotité de la taxe, » 65 c., était égale aux deux tiers de 1 fr. 00 c., le droit réel serait égal aux deux tiers du nombre donné, et que, par conséquent, pour l'obtenir, il suffirait de retrancher des quantités leur propre tiers.

Mais, par une semblable opération, nous serions censés avoir multiplié par 66 c. 6666... p. 0[0, c'est-à-dire par un nombre qui surpasse le taux donné (» 65 c.) de 1 c. 2[3; donc en retranchant du nombre total son propre tiers seulement, le droit que nous obtiendrions serait encore trop fort précisément du produit des quantités par 1 c. 2[3 p. 0[0. Mais si nous considérons que nous avons déjà le produit par 1 c. p. 0[0, puisqu'il est égal aux centaines du nombre donné, plus une fraction; et que de même le second produit, celui par 2_13 de centime p. 0_10, est égal à deux fois les centaines du tiers obtenu, plus deux fois sa fraction centésimale, — nous pourrons, par une simple addition, trouver ce produit supplémentaire des quantités à soustraire, à la condition toutefois de tenir compte des unités entières de centimes qui pourraient provenir de l'addition des fractions négligées, et de forcer dans les cas spécifiés à la règle, et d'après les considérations exposées plus bas.

Retranchant alors des quantités données leur tiers augmenté de ce produit, nous obtiendrons un reste qui représentera sans erreur le montant du droit principal.

Exemples :

Quantités données . .	541ʰ95ˡ	338ʰ50ˡ	362ʰ86ˡ	34ʰ58ˡ
	. . . . . .	. . . . . .	. . . . . .	. . . . .
Tiers (sans forcer) . .	180,65	112,83	120,95	11,52
Quantités augmentées de deux fois leur tiers ou divisées par 100 (avec ou sans forcement) (A).	9,03	5 64	6 05	» 58
Total des deux résultats précédents.	189,68	118,47	127,00	12,10
Reste.—Droit principal	352ᶠ27ᶜ	220ᶠ03ᶜ	235ᶠ86ᶜ	22ᶠ48ᶜ

On ne doit pas forcer, en prenant le tiers des quantités, parce que, dans cette valeur complémentaire à soustraire, les fractions de centime, s'il y en a, doivent être également complémentaires de celles qui se trouvent dans le montant du droit à » 65 c., et que le centime qu'elles forment doit être négligé dans le premier calcul pour qu'il puisse subsister dans le résultat définitif. Mais si l'on ne forçait jamais en opérant le calcul (A), il arriverait, dans les cas énoncés ci-dessus, que les quantités à retrancher seraient trop faibles de plusieurs fractions qui vaudraient en somme plus d'un centime complet, et que, par conséquent, le droit à » 65 c. restant serait trop fort d'un centime. Il faut donc rétablir l'équilibre par un forcement dans les deux cas spécifiés.

Nota. — On peut remarquer, d'ailleurs, que les valeurs à soustraire des quantités totales ne sont autres que le produit de ces quantités multipliées par 35 p. 0[0; il est facile dès lors de comparer le cas actuel avec celui qui suit.

(A) On additionne les centimes pour mémoire, et l'on ne retient que les unités d'un ordre supérieur.

1er exemple : — 2 fois 5, 10 et 5, 15, et je retiens 1; 2 fois 6, 12 et 1, 13 et 9, 22 et je retiens 2; 2 et 1, 3; 2 fois 8, 16 et 4, 20, et je retiens 2; 2 et 2, 4 et 5, 9.

4e exemple : — 2 fois 2, 4 et 8, 12, et je retiens 1; 2 fois 5, 10 et 1, 11 et 5, 16, et je retiens 1; 1 fois 2. 2 et 1 de retenue, 3, et 1 de forcement (à cause du reste, 2. en prenant le tiers, et de la fraction, 62 centièmes), 4, et 4, 8; 1 fois 2. 2 et 3, 5.

§ IX.—Multiplication par une taxe de 0 fr 35 c. par hectolitre.

———

Le raisonnement qui précède, pour le cas de » fr. 65 c., a démontré le moyen de multiplier une quantité quelconque par » fr. 35 c. pour 1 hect., car, en considérant la taxe » fr. 35 c. comme composée du tiers de 1 fr. 00, plus 1 c. 2[3, il suffira, pour arriver au droit principal,

Règle : De prendre le tiers des quantités données, en forçant toujours si l'opération ne se fait pas exactement, puis d'y ajouter un nombre de centimes égal aux quantités données augmentées de deux fois leur tiers et divisées par 100, en ayant soin de forcer :

1° — Quand le tiers se prend exactement et que, dans le calcul (A), l'opération sur les centimes ne fournit pas un nombre exact d'unités entières;

2° — Quand le reste de la division par 3 est 1 et que, dans le calcul (A), on devrait négliger un nombre de centièmes supérieur à 66;

3° — Enfin, lorsque le reste de la division est 2 et que, par le même calcul (A), on aurait à négliger un nombre de centièmes de centime supérieur à 33.

La somme de ces résultats partiels sera exactement le montant du droit cherché.

Exemple (2ᵉ cas) :

Quantités données	8ʰ 35ⁱ
	. . .
Tiers	2,79
Quantités augmentées de 2 fois leur tiers et divisées par 100 (avec ou sans forcement (A).	» 14
Droit principal.	2ᶠ,93ᶜ

On doit forcer en prenant le tiers, parce qu'on opère directement dans le but d'obtenir le droit principal, et que tous les forcements doivent être cumulés dans le produit. On force également dans le cours du calcul (A), pour les trois cas indiqués ci-dessus, parce que la fraction qu'on négligerait dans ce calcul serait plus grande que celle dont on a forcé en prenant le tiers et que, cette fraction réunie à celle du tiers exact formant, par conséquent, plus d'*un* centime à forcer, il faut compenser le second centime qui serait en moins dans le droit principal.

Voici, du reste, des exemples qui présentent l'analyse des forcements dont nous venons de parler dans les 3 cas spécifiés :

	1er CAS.	2e CAS.	3e CAS.
Quantités	8ʰ 34ˡ	8ʰ 35	8ᶠ 36
	. . . . . .	. . . .	. . . .
Tiers.	2,78	2,78,3333...	2,78,6666...
Produit du calcul (A), sans forcer	13,90	13,91666..	13,9333...
Total des quantités entières.	2ᶠ 91	2ᶠ 91ᶜ	2ᶠ 91ᶜ
Total des fractions négligées	» » 90	01,2499...	01,5999...
Total.	2ᶠ 91ᶜ 90	2ᶠ 92ᶜ 2499...	2ᶠ 92ᶜ 5999...
Droit réel	2ᶠ 92ᶜ	2ᶠ 93ᶜ	2ᶠ 93ᶜ

§ X. — Multiplication par une taxe de 0 fr. 45 c. par hectolitre.

—

Règle. — *Du nombre total qui représente les quantités, retrancher son dixième pris sans forcer (ou le nombre de ses dizaines) et prendre la moitié du reste, en forçant lorsque ce reste n'est pas pair. On a sans erreur le montant du droit principal.*

Démonstration. — Remarquons que la quotité du droit étant de moitié moindre que si elle était de

» f. 90 c., nous pouvons bien commencer par chercher le droit principal à raison de » fr. 90 c., puis, pour le ramener à la valeur voulue par la taxe » fr. 45 c., prendre la moitié du résultat.

Exemples :

Quantités.	348ʰ 53ˡ	452ʰ 63ˡ
Dizaines à soustraire	34 85	45, 26
Reste.	313, 68	407, 37
Moitié. — Droit principal . .	156ᶠ 84ᶜ	203ᶠ 69ᶜ

Il n'y aura jamais d'erreur, et les fractions ne pourront amener aucun trouble, si l'on force dans le cas voulu, puisque, en effet, il n'y a aucune erreur de forts centimes, dans les calculs, pour un droit à » 90 c. (voir page 88), il est évident que pour une taxe de moitié moindre, si l'on prend la moitié du premier produit, l'erreur sera moindre qu'un centime, et si l'on force, elle sera nulle.

———

A l'aide de ce que nous avons dit précédemment, on peut trouver une foule d'applications, qui permettent d'opérer aussi rapidement que nous l'avons fait presque tous les calculs possibles, quelle que soit l'espèce des unités que l'on veuille obtenir : quantité d'alcool pur dans l'eau-de-vie suivant son degré, valeurs des boissons à différents prix ou calculées d'après des prix moyens divers, ou tout autre produit résultant des mêmes multiplicateurs.

Ainsi, nous pourrons classer par groupes, autour de certains multiplicateurs spéciaux, dont le produit est facile à obtenir, plusieurs autres multiplicateurs dont le résultat pourra être aisément calculé en opérant simplement des modifications, en plus ou en moins, analogues à quelques-unes de celles qui précèdent.

Nous ne donnerons des exemples raisonnés que pour les multiplications qui se rattachent au facteur auxiliaire 50.

§ XI. — Groupe du facteur auxiliaire 50.

Ces multiplicateurs représentent le plus ordinairement le degré des eaux-de-vie dont on veut calculer l'alcool pur.

A. — EAUX-DE-VIE A 51 DEGRES.

Règle. — Prendre la moitié des quantités données, en tenant compte de la fraction, si la division par 2 ne se fait pas exactement, et y ajouter un nombre égal aux quantités données divisées par 100. La somme repré-

sente exactement la quantité d'alcool pur, pourvu qu'on ait soin de forcer lorsque la fraction à négliger dans le résultat est égale ou supérieure à 50 centièmes.

Démonstration.— A l'aide d'un raisonnement analogue à quelques-uns de ceux qui précèdent, nous verrions qu'il suffit de multiplier les quantités données d'abord par 50 degrés, puis par 1 degré, c'est-à-dire par 1 p. 0|0, dernier produit qui égale les quantités divisées par 100.

Si la somme des fractions dépasse 100 centièmes (Ex. 2), l'unité entière qui en résulte vient évidemment se ranger d'elle-même dans la partie entière du produit, et ce n'est que la fraction subsistante qui peut motiver le forcement prescrit dans certains cas.

Exemples :

Quantités	16ʰ 00ˡ	17ʰ 65ˡ	17ʰ 35ˡ
	. . . . .	. . . .	. . . .
Moitié.	8	8, 82, 5	8, 67, 5
Quantités divisées par 100. .	» 16	17, 6	17, 3
Total	8ʰ 16ˡ	9ʰ 00ˡ 1	8ʰ 84ˡ 8
Alcool pur.	8ʰ 16	9ʰ 00	8ʰ 85ˡ

B. — Eaux-de-vie a 52 degrés.

Règle. — Prendre la moitié des quantités données, en tenant toujours compte de la fraction, s'il y en a, et y ajouter un nombre égal au double des quantités divisé par 100. Si dans le total que l'on obtient se présente une fraction égale ou supérieure à 50 centièmes, on devra forcer d'un.

Exemples :

Quantités.	16 00	17ʰ 35ⁱ	17ʰ 65ⁱ
	. . . . .	. . . .	. . . .
Moitié.	8	8, 67, 5	8, 82, 5
Double des quantités divisé par 100	» 32	34, 7	35, 3
Total.	8 32	9, 02, 2	9, 17, 8
Alcool pur	8ʰ 32ⁱ	9ʰ 02ⁱ	9ʰ 18ⁱ

On pourrait faire aux calculs, par suite des fractions, des modifications analogues à celles exposées plus loin, pages 111 et suivantes.

C. — Eaux-de-vie a 49 degrés.

Règle. — De la moitié des quantités données retrancher ces mêmes quantités divisées par 100. — Lorsque, suivant la fraction des quantités divisées par 100, les décimales qui existent au reste expriment une valeur égale ou supérieure à 50 centièmes, il faut forcer.

Exemples :

Quantités........	16ʰ00	16ʰ35ˡ	16ʰ75ˡ
	.....	....	....
Moitié........	8	8, 17, 5	8, 37, 5
Quantités divisées par 100	» 16	» 16, 35	16, 75
Reste.........	7, 84	8, 01, 15	8, 20, 75
Alcool pur........	7ʰ84ᵈ	8ʰ01ˡ	8ʰ21ˡ

On pourrait simplifier la règle et négliger les fractions de part et d'autre, sauf à forcer à propos le
nombre d'hectolitres à soustraire, suivant les cas que
nous allons examiner séparément, afin de pouvoir en
déduire une conclusion générale.

1ᵉʳ Cas. — La moitié des quantités se prenant exactement :

a. — Si les litres sont exprimés par un nombre
pair compris entre 00 et 50 inclusivement:

Ne pas forcer.

En effet, si l'on opérait le calcul dans tout son développement,

Exemples :

	Quantités........	16ʰ02ˡ	16ʰ50
		....	....
	Moitié.........	8, 01	8, 25
	Quantités divisées par 100.	16, 02	16, 50
℀.	Reste..........	7ʰ84ˡ 98	8ʰ08ˡ 50
℔.	Quantités d'alcool pur ...	7ʰ85ˡ	8ʰ09ˡ

la fraction centésimale à soustraire, qui se trouve dans les quantités divisées par 100, devrait être retranchée d'une unité empruntée à la moitié exacte et convertie en 100 centièmes; la partie entière du reste exprimerait dès lors, il est vrai, une unité de moins que si l'on n'avait pas tenu compte de ces décimales (1); mais comme la fraction qui subsiste dans le reste α est toujours, pour le cas qui nous occupe, égale ou supérieure à 50 centièmes, et qu'elle motive un forcement, si l'on néglige la fraction de 00 à 50 centièmes qui peut se trouver dans les quantités divisées par 100, on arrivera seulement à ne pas enlever au 1er résultat (moitié des quantités) l'unité entière qui devrait lui être restituée plus tard par suite du forcement dans le résultat final, et, par conséquent, l'on n'aura commis aucune erreur.

b. — Si le nombre de litres est représenté par un nombre pair compris entre 52 et 98 inclusivement :

Forcer d'UN le nombre d'hectolitres à soustraire.

En effet, si l'on opère complètement le calcul,

Exemples :

	16ʰ 52	16ʰ 98
	. . . .	. . . .
	8, 26	8, 49
	16, 52	16, 98
α . . .	8ʰ 09ˡ 48	8ʰ 32ˡ 02

---

(1) Comparer les résultats α et β.

on voit que la fraction à soustraire des 100 centièmes empruntés étant plus grande que 50 centièmes, celle qui restera dans le résultat final sera nécessairement inférieure à cette valeur et ne donnera pas lieu à forcement. — Par conséquent, si l'on négligeait simpleplement la fraction des quantités divisées par 100 à soustraire,

Exemples :

		$16^h 52$	$16^h 98$
		. . . . . .	. . . . . .
		8, 26	8, 26
		16	16
β	Reste.	$8^h 40^l$	$8^h 33^l$
α	Alcool pur.	$8^h 09^l$	$8^h 32^l$

le reste serait trop fort d'un litre (comparer les résultats α et β); mais, pour ramener le produit à sa véritable valeur, il suffira de forcer d'un le nombre d'hectolitres à soustraire de la moitié.

2° Cas. — La moitié ne se prenant pas exactement :

a. — Si les litres des quantités sont exprimées par un nombre impair compris entre 1 et 49 inclusivement :

Ne pas forcer.

En effet, la fraction qui existe à la moitié des quantités impaires étant toujours égale à 50 centièmes, si l'on en retranche une fraction plus faible, celle qui restera sera nécessairement elle-même inférieure à 50 et ne produira pas de forcement.

Exemples :

16^h 01	16^h 49^l
. . . .	. . . .
8, 00, 5	8, 24, 5
16, 01	16, 49
7^h 84^l 49	8^h 08^l 01

On pourra donc sans inconvénient négliger les fractions de part et d'autre.

b. — Si le nombre de litres est impair et supérieur à 50 :

Ne pas forcer.

La fraction qui ressort en prenant la moitié des quantités étant toujours égale à 50 centièmes, si l'on en retranche une fraction supérieure, en développant complètement le calcul, on sera bien conduit à affaiblir d'une unité la partie entière du résultat final; mais, comme, dans ce résultat, la fraction qu'on aurait pour reste serait rigoureusement supérieure à 50 centièmes, et nécessiterait un forcement, on devrait bientôt rendre au produit l'unité qui lui aurait été enlevée; d'où l'on voit qu'en négligeant l'une et l'autre fraction, la valeur du résultat n'aurait point été altérée.

Exemples :

	16ʰ 51	16ʰ 99ˡ
	. . . .	. . . .
	8, 25, 5	8, 49, 5
	16, 51	16, 99
Reste, en opérant sur les fractions.	8ʰ 08ˡ 99	8ʰ 32ˡ 51
Reste, sans tenir compte des fractions = alcool pur.	8ʰ 09ˡ	8ʰ 33

On peut donc dire, en simplifiant la règle page 104, que, pour obtenir la quantité d'alcool pur contenue dans des eaux-de-vie à 49 degrés,

Il faut prendre, sans forcer, la moitié des quantités données, et en retrancher un nombre de litres égal au nombre d'hect. de ces quantités, pris sans forcer, excepté lorsque le nombre de litres y est exprimé par un des nombres pairs compris entre 52 et 98 inclusivement.

D. — EAU-DE-VIE A 48 DEGRÉS.

Règle. — De la moitié des quantités données, retrancher le double des quantités divisé par 100. Lorsque, suivant la fraction du double divisé par 100, celle qui subsiste au reste est égal au supérieur à 50 centièmes, il faut forcer.

Exemples :

Quantités.	$16^h 10^l$	$16^h 30^l$	$16^h 75^l$
. . . .			
Moitié..	8, 05	8, 15	8, 37, 5
Double des quantités divisé par 100. . .	32, 20	32, 60	33, 50
Reste.	$7^h 72^l$ 80	$7^h 82, 40$	$8^h 04^l$ 00
Alcool pur	$7^h 73^l$	$7^h 82$	8, 04

Comme à l'article précédent, on peut voir ici que la règle peut subir quelque modification, en négligeant les fractions de part d'autre.

En effet, le calcul de la moitié produisant les mêmes fractions que précédemment et la limite de celle qui motive un forcement dans le total étant la même: 50 centimes, les résultats obtenus dans le double des quantités divisé par 100 pourront toujours être classés en plusieurs cas, suivant les nombres de litres donnés qui engendrent les diverses fractions de ce double divisé par 100.

Nous nous bornerons à énumérer chacun des cas,

en les appuyant d'exemples, renvoyant pour les raisonnements à ceux du paragraphe précédent.

1ᵉʳ Cas. — La moitié des quantités se prenant exactement;

a. — Si les quantités de litres sont représentées par un nombre pair compris entre 00 et 25, 51 et 75,

Ne pas forcer en prenant le double des hectolitres à soustraire.

Exemples : (voir le 1ᵉʳ cas, a, page 105.)

Quantités	16ʰ10ˡ	16ʰ70
	. . . .	. . . .
Moitié.	8,05	8,35
Double des hectolitres divisé par 100	32,20	33,40
Reste (en tenant compte de la fraction)	7ʰ72ˡ80	8ʰ01ˡ60
Alcool pur à cause du forcement. . . . . ou (reste sans avoir égard aux fractions)	7ʰ73ˡ	8ʰ02ˡ

b. — Si les litres sont exprimés par un nombre pair compris entre 26 et 50, 76 et 98 inclusivement,

Forcer d'une unité le double des hectolitres divisé par 100.

Exemples : (voir le 1ᵉʳ cas, *b*, page 106.)

	16ʰ 30ˡ	16ʰ 76ˡ
	. . . .	. . . .
	8, 15	8, 38
	32, 60	33, 52
Reste. — Alcool pur	7ʰ 82ˡ 40	8ʰ 04ˡ 48
Résultat sans tenir compte des fractions (1 lit. en plus) . .	7, 83	8, 05

2ᵉ Cas. — La moitié des quantités ne pouvant être prise exactement :

a. — Si le nombre de litres donné est impair et compris entre 1 et 25, 51 et 75 inclusivement,

Ne pas forcer.

Exemples : (voir le cas analogue, page 107.)

Quantités	16ʰ 05ˡ	16ʰ 53ˡ
	. . . .	. . . .
Moitié	8, 02, 5	8, 26, 5
Double des quantités, divisé par 100	32, 10	33, 06
Total : alcool pur	8ʰ 70ˡ 40	7ʰ 93ˡ 44

b. — Si les quantités de litres sont exprimées par un nombre impair, comprises entre 26 et 50, 76 et 100,

Ne pas forcer.

Exemples : (voir le 2ᵉ cas, *b*, page 108)

	$16^h 27^l$	$16^h 81^l$
Quantités.	. . . .	. . . .
Moitié	8, 13, 5	8, 40, 5
Double divisé par 100. . . .	32, 54	33, 62
Reste en opérant sur les fractions.	$7^h 80^l 96$	$8^h 06^l 88$
Reste, sans tenir compte des fractions, ou alcool pur avec forcement	$7^h 81$	$8^h 07$

De ce qui précède nous pouvons donc conclure, en modifiant la règle, que pour obtenir le résultat,

Il suffit de retrancher de la moitié des quantités données le double de ces quantités divisé par 100, en négligeant le calcul sur les fractions, mais en ayant soin de tenir compte de l'unité entière que peut produire ce double, lorsque le nombre de tiers est égal ou supérieur à 50, et de forcer, en outre, d'UNE unité ce double à soustraire, lorsque les litres donnés sont exprimés par un nombre pair compris entre 26 et 50, 76 et 98 inclusivement.

§ XII. — Groupe de l'Auxiliaire 25.

A. — Multiplicateur : 26

(Exprimant des unités d'un ordre quelconque.)

Exemples :

Quantités.	432^{h}00	238^{h}06	342^{h}17
	. . . .	. . . .	. . . .
Quart des quantités.	108 00	59 51,5	85 54,25
A ajouter : quantités divisées par 100. .	4 32 00	2 38,06	3 42,17
Total.	112 32,00	61 89,56	88 96,42

B. — Multiplicateur : 27.

Exemples :

Quantités.	432^{h}00	244^{h}63
	. . . .	. . . .
Quart	108 00	61 15,75
A ajouter : double des quantités divisé par 100	8 64,00	4 89,26
Total.	116 64,00	66 05,01

C. — MULTIPLICATEUR : 24.

Exemples :

Quantités	432ʰ 00	238ʰ 06	342ʰ 57
	. . . .	. . . .	. . . .
Quart.	108 00	59 51, 5	85 64, 25
A soustraire: quantités divisées par 100. . .	4 32, 00	2 38, 06	3 42, 57
Reste : (Produit exact)	103 68, 00	57 13, 44	82 21, 68

D. — MULTIPLICATEUR : 23.

Exemples :

Quantités	824ʰ 00	265ʰ 24
	. . . .	. . . .
Quart.	206 00	66 31
A soustraire : double des quantités divisé par 100.	16 48, 00	5 30, 48
Reste. — (Produit exact.). . .	189 52, 00	61 00, 52

§ XIII.—Groupe de l'Auxiliaire : 33,333... (tiers de 100).

Nous en avons vu deux applications, pages 82 et 98.

C. — Multiplicateur : 33.

Exemples :

Quantités	3981^h 00	8^h 83	9^h 83
	. . . .	. . . .	. . . .
Tiers (sans jamais forcer)	1327 00	2 94, 33	3 27, 66
A soustraire : tiers divisé par 100 (sans jamais forcer). . .	13 27	2 94	3 27
Reste : (Produit exact par 33).	1313 73, 00	2 91, 39	3 24, 39

Ainsi pour les autres groupes.

AUTRE MÉTHODE GÉNÉRALE.

Il est enfin une méthode générale, connue de tout le monde, et que nous indiquerons ici néanmoins, parce qu'elle peut recevoir une foule d'applications avantageuses, lorsque les multiplicateurs sont un peu compliqués et qu'on doit avoir à calculer plusieurs fois par le même.

Ce mode consiste à connaître seulement les produits du facteur donné par les dix premiers nombres, 1, 2, 3, etc., en en formant, au besoin, le tableau, et, pour obtenir le produit définitif par un nombre quelconque, à écrire les uns sous les autres les produits qu'on trouvera dans ce tableau, correspondants à chacun des chiffres qui expriment les centaines, les dizaines, les unités, etc. du nombre proposé, en ayant soin de faire exprimer à ces résultats partiels des unités de l'ordre nécessaire, au moyen de zéros ou par la virgule décimale.

Une simple addition, dès lors, donnera le produit cherché.

APPENDICE.

I. — Vérification du 50 D. (gros.)

Nous croyons devoir rappeler ici, en les appliquant aux taux actuellement en vigueur et à ceux qui s'en rapprochent, les différents modes d'abréviation pour le calcul des déductions à allouer sur les manquants, col. 16 du Reg^e n° 50 D. Quelques-uns de ces procédés, qui reposent sur la théorie des facteurs communs, ont été déjà signalés par l'Administration (circulaires n°s 82, du 4 juillet 1812, et 54, du 29 septembre 1821).

La règle, pour calculer une déduction, à raison de tant p. 0/0 par an, sur des quantités restées un certain laps de temps en magasin, serait de multiplier d'abord les quantités par le taux de la déduction, de diviser ensuite le produit par 100, puis par 360, pour avoir la déduction par jour, et enfin de multiplier cette déduction par le temps de séjour en magasin; ou, plus simplement, en intervertissant l'ordre des opérations, pour limiter l'erreur, d'après ce que nous disons dans le § suivant, page 122, de multiplier les quantités par le nombre de jours de station en magasin, puis par le taux de la déduction, et de diviser le résultat par 36000, produit des diviseurs successifs 100 et 360.

Mais comme, par une habile et ingénieuse disposition des modèles 50 A et 50 D, les quantités élémentaires, qui servent au calcul des déductions, se trouvent successivement de dizaine en dizaine de jours multipliées par le temps de séjour et divisées par 100 (Col^{es} 5 et 25 du 50 A, reportées dans celles n°s 4 et 5 du 50 D), que, d'un autre côté, les quantités portées dans la col. 7 du même reg^e 50 D sont également divisées par 100, puisque la déduction doit porter aussi sur les restes, on voit que l'Administration a su préparer les éléments de calcul de manière à éliminer deux des opérations précitées : la multiplication par le nombre de jours d'emmagasinement, et la division par 100; la règle reviendrait donc à multiplier les quantités de la Col. 8 du 50 D par le taux de la déduction, et à diviser le résultat par 360.

Mais on peut observer qu'on obtiendra le même résultat si l'on divise directement 360 par la quotité de la déduction, pour n'avoir à diviser les quantités de la col. 8 du 50 D que par le quotient de cette division. On n'aura plus dès lors à effectuer qu'une opération simple et facile.

Ainsi, pour obtenir la déduction en nombre de litres sur les vins à raison de 8 p 0/0 par an, il suffira de diviser les quantités de la col. 8 du 50 D par 45 entiers, parce que la division de 360 par 8 donne un quotient exact.

Pour celle relative à l'alcool, à raison de 7 p. 0|0, on n'aura qu'à diviser par 51 entiers, 42; ou par 5142, en ayant soin de multiplier par 100 le dividende, afin de ramener le quotient à exprimer des litres, attendu que nous avons poussé jusqu'à deux décimales dans le nombre 51, 42, pour limiter l'erreur dans le résultat final.

Pour une déduction de 4 p. 0|0, on n'aurait qu'à diviser par 90, ou plutôt à supprimer un chiffre sur la droite des quantités et à prendre le neuvième du reste.

Pour un taux de 6 p. 0|0, on devrait également séparer un chiffre à droite, et prendre le sixième du reste.

De même, pour un taux de 9 p. 0|0, on supprimerait un chiffre à droite, mais l'on prendrait le quart du reste.

Pour une quotité de 11 p. 0|0, on devrait diviser par 32 entiers 72; ou par 3272, en écrivant deux zéros à la droite des quantités.

Enfin, pour une déduction de 12 p. 0|0 par an, il faudrait encore supprimer un chiffre à droite et prendre le tiers du reste.

II. — Observation générale sur diverses opérations.

Nous devons encore faire une observation au sujet de la marche à suivre dans certains calculs, et de la limite de l'erreur qu'on y peut commettre.

Lorsqu'on a, par exemple, à chercher un résultat, qui, par le raisonnement, exigerait successivement des divisions, puis des multiplications, l'on doit effectuer d'abord toutes les multiplications et n'opérer les divisions qu'en dernier lieu.

En effet, si l'on commence par la division et que cette opération ne se fasse pas exactement, le reste étant négligé ou pris pour une unité dans le quotient, cette erreur, commise en plus ou en moins, se trouvera, par les multiplications subséquentes, répétée autant de fois qu'il y aura d'unités dans les multiplicateurs, et sera d'autant plus grande, évidemment, que ces multiplicateurs seront plus forts.

On reconnaît l'exactitude de ce que vous venons de dire, par exemple, pour l'établissement du 93 A, lorsque, par suite des mouvements du personnel, les traitements doivent être scindés en deux ou plusieurs parties. — Si, pour chaque période, on commençait par la division, l'on trouverait, en ajoutant les résultats partiels, une discordance de plusieurs centimes avec le montant réel des appointements du mois, tandis qu'en appliquant la méthode que nous venons d'indiquer, ces deux résultats généraux ne peuvent plus différer que *d'un centime*, composé d'autant de fractions qu'il y a eu de périodes à calculer.

De même, lorsque, dans le cours de l'année, change le taux d'un tarif, si l'on a des quantités annuelles à frapper du droit, comme les manquants chez les entrepositaires ou les marchands en gros, etc., l'on doit toujours opérer comme précédemment, afin de fixer à une fraction de centime la limite de l'erreur qu'on devra commettre en plus ou en moins dans chaque résultat.

Du reste, on peut toujours exprimer les calculs de cette nature par des proportions géométriques, ainsi que le prescrit l'Administration, pour le cas des changements de tarif (Circ. n° 25, du 3 avril 1852), et l'on sait que dès lors la règle mathématique pour trouver l'inconnue, $x = \dfrac{a \times b}{c}$, exige de commencer par la multiplication.

TABLE DES MATIÈRES

Contenues dans l'Ouvrage.

Etat n° 52 A (suite) :

2e Classe.	1re catégorie,	»f 40c par hectolitre	....	36
	2e —	» 60 —	....	13
	3e —	» 80 —	....	22
	4e —	1 00 —	....	23
	5e —	1 20 —	....	24
	6e —	1 40 —	.... 38 et 36
	7e —	1 60 —	.... 38 et 13
3e Classe.	1re catégorie,	»f 50c par hectolitre	....	25
	2e —	» 75 —	....	33
	3e —	1 00 —	....	23
	4e —	1 25 —	....	42
	5e —	1 50 —	.... 38 et 25
	6e —	1 75 —	....	33
	7e —	2 00 —	....	38
4e Classe.	1re catégorie,	»f 60c par hectolitre	....	13
	2e —	» 90 —	....	39
	3e —	1 20 —	....	24
	4e —	1 50 —	.... 40 et 25
	5e —	1 80 —	.... 40 et 22
	6e —	2 10 —	....	40
	7e —	2 40 —	.... 42 et 36
Cidres, etc.	1re catégorie,	»f 25c par hectolitre	....	12
	2e —	» 40 —	....	36
	3e —	» 50 —	....	25
	4e —	» 65 —	....	44
	5e —	» 75 —	....	33
	6e —	» 90 —	....	39
	7e —	1 00 —	....	23

Alcool pur.................................... 45

IIe Partie.

Auch, impr. et lith. de J. Foix, rue Balguerie.